管理者的数字化领导力

提升技术素养，构建技术战略

[美] 斯蒂芬·J. 安德里奥尔 ◎著
（Stephen J. Andriole）

史凯 陈鹏 李圆 ◎译

The Digital Playbook
How to win the strategic technology game

Authorized translation from the English language edition, entitled The Digital Playbook: How to win the strategic technology game, ISBN: 9781292443065, by Stephen J. Andriole, Copyright © Pearson Education Limited 2023 (print and electronic).

This Translation of THE DIGITAL PLAYBOOK 1e is published by arrangement with Pearson Education Limited.

All rights reserved. No part of this book may be reproduced or transmitted in any form or by any means, electronic or mechanical, including photocopying, recording or by any information storage retrieval system, without permission from Pearson Education Limited.

Chinese simplified language edition published by China Machine Press, Copyright © 2024.

AUTHORIZED FOR SALE AND DISTRIBUTION IN THE CHINESE MAINLAND ONLY (EXCLUDING HONG KONG SAR, MACAU SAR AND TAIWAN).

本书中文简体字版由 Pearson Education Limited（培生教育出版集团）授权机械工业出版社在中国大陆地区（不包括香港、澳门特别行政区及台湾地区）独家出版发行。未经出版者书面许可，不得以任何方式抄袭、复制或节录本书中的任何部分。

本书封底贴有 Pearson Education（培生教育出版集团）激光防伪标签，无标签者不得销售。

北京市版权局著作权合同登记　图字：01-2023-4944 号。

图书在版编目（CIP）数据

管理者的数字化领导力：提升技术素养，构建技术战略 /（美）斯蒂芬·J. 安德里奥尔 (Stephen J. Andriole) 著；史凯，陈鹏，李圆译 . -- 北京：机械工业出版社，2024.9. -- ISBN 978-7-111-76679-7

I. F272.7

中国国家版本馆 CIP 数据核字第 2024GB1607 号

机械工业出版社（北京市百万庄大街 22 号　邮政编码 100037）
策划编辑：王　颖　　　　　　　　　　责任编辑：王　颖　王华庆
责任校对：高凯月　李可意　景　飞　　责任印制：郜　敏
三河市国英印务有限公司印刷
2024 年 11 月第 1 版第 1 次印刷
165mm×225mm・11.25 印张・97 千字
标准书号：ISBN 978-7-111-76679-7
定价：79.00 元

电话服务　　　　　　　　　　　网络服务
客服电话：010-88361066　　　　机 工 官 网：www.cmpbook.com
　　　　　010-88379833　　　　机 工 官 博：weibo.com/cmp1952
　　　　　010-68326294　　　　金 书 网：www.golden-book.com
封底无防伪标均为盗版　　　　　　机工教育服务网：www.cmpedu.com

推荐语

数字化与经济社会发展的方方面面正在深度融合，这已经成为推动现代产业升级和高质量发展的重要力量。于管理者而言，深化对数字化的认知，不断强化数字化思维，打造符合新发展阶段要求的数字化领导力，是把握数字化转型新机遇、应对新挑战的必备能力。本书围绕"数字化领导力"这一主题，帮助管理者正确认识数字化时代的新特征和对能力的新要求，并提供了可行的实践参考路径，非常值得大家研读。

尹本臻

浙江省数字经济联合会秘书长

该书是较早介绍数字化领导力的书。作者以深厚的理论功底和实践经验，为我们揭示了数字化时代成功的管理者必备的数字化技能和能力，帮助非技术出身的管理者建立数字化战略、技术认知，提升领导力。如果你想要带领团队在数字化时代获得更好的成绩和更强的竞争力，这本书一定会成为你不可或缺的工具书。

宇璇

国科互联智造（北京）科技发展有限公司总经理

云计算、大数据、人工智能、智能制造、数字化转型等热门词汇让管理者陷入了一种"进退两难"的境地：一方面焦虑，怕错失了数字技术，让企业错过转型升级的机会窗口；另一方面，持续的投入和看不清晰的价值回报又让人心生疑惑。数字化不仅是IT技术，更是业务自身的变革。这本书很实用，能帮助管理者更好地跨越商业与技术的认知"鸿沟"，这也是在这个时代，管理者必须具备的素质。

吕青海

三一集团高级副总经理、首席信息官（CIO）

这本书对非技术出身的领导尤为实用、适用。它深入浅出地阐述了数字化时代管理者应如何构建技术思维能力以匹配战略思维，为数字化转型插上双翅，从而发挥更大的领导作用。

高秀敏
本钢集团信息化部总经理（本钢集团首批信息化数字化领域领军人才）

把企业的数字化转型比作企业发展中的重要战役一点也不为过。企业的各级管理者作为指挥官，要想打赢这场关乎存亡，甚至一胜千里的战役，首先考虑的就是怎么将数字化能力深植企业，其中提升自身的数字化能力至关重要，而这本书无疑是指挥官们的制胜法宝。这本书非常简单明了地从企业战略牵引、商业动机出发，强调业务与技术融合建设，并引入人工智能、数据安全、数字合规等热点技术和议题，以及数字治理、创新、人才等关键数字化成功要素，让管理者能够快速提升数字认知和能力，帮助企业踏上数字化转型成功之路。

许晓男
安东油田服务集团首席信息官

该书作者深入剖析数字化对企业管理的影响，提出一系列创新性理论和实践方法，帮助管理者建立数字化战略，形成技术认知，提升领导力。书中观点新颖，大胆创新，颠覆了传统的管理思维。数字化作为推动企业转型的重要战略工具，为管理者指明了前行的方向。这本书无论是对于数字化战略的设计，还是对于数字化领导力的培养，都提供了独到的见解和可行的建议。我认为，这是一本不可错过的管理必读之作。无论是资深的数字化管理者，还是初涉管理的数字化新人，都能从中获得宝贵的启示和指导。希望本书能够成为你在数字化时代的得力助手，助你在激烈的竞争中立于不败之地。

王川
广联达集团首席信息官

该书的英文版作者是斯蒂芬教授，他在书中概述了影响企业战略、商业模式和业务流程的各种技术，并提供了如何识别和跟踪这些技术并加以利用，从而获得竞争优势的见解，强调"技术与业务流程、商业模式和战略匹配"的重要性，为提升管理者的数字化领导力提供了实用、务实且经过验证的见解。这本书的译者史凯先生是精益数据共创工作坊发明人，资深大数据、人工智能和数字化转型专家，有超过 20 年的企业信息化架构和数字化转型经验；译者陈鹏女士和李圆女士也是国内知名的数字化领域专家，有丰富的从业经验。将译作与英文原书对比，就会发现译者在尊重原文的基础上，精简了许多作者与读者的互动、口语化的表达，在不改变原文意图的情况下，从便于读者更好地理解的角度进行了翻译。译作更加精练流畅，专业术语翻译符合国内的习惯表达，通俗易懂。整本译作在组织与行文上深刻体现了译者深厚的数字化专业背景、扎实的英语功底和娴熟的文字技巧，是译者多年数字化素养的集中沉淀与智慧结晶。这本书可以说是送给各个行业管理者最实用的数字化领导力提升大礼，谢谢译者！

明鲲
建发汽车集团信息与数字化总监

在信息化时代，IT 系统通常被称为一把手工程。在数字化时代，中国企业快速发展，在管理方式创新上已经没有西方现成的最佳实践可以参考，因此企业数字化生态的建立需要企业高管共同参与。如何让业务管理者理解数字化变革对企业战略的影响，如何使用数字化手段使战略有效落地，成为企业有效管理的重要课题。史凯等人翻译的这本书在这方面是个不错的参考，该书从战略制定到流程再造，从数字化领导力实现到数字化转型的本质，以独特的视角对数字化的认知、数字技术的应用以及数字化转型的要素进行了全面的阐述，很多观点发人深思，值得认真学习。

倪宏达
国贸控股数字化管理部总经理

数字化领导力是指管理者在数字化时代运用数字技术、工具和资源来领导组织的能力。具有远见的管理者，要不断推动组织的数字化转型，确保业务流程、决策制定和文化都与时俱进。本书可以帮助管理者塑造其数字化领导力的形象，为企业或组织提供选择和培养具备数字化领导力的管理者的标准。

柳骏

中国药物滥用防治协会数字化分会副主任委员

数字经济已成为新一轮社会经济增长的新引擎，其背后是数字技术的全面应用和数字化领导力的引领推动。该书从数字化战略流程、智能创新和人才激励等多个维度，系统地介绍了管理者应具备的数字化领导力，是一本适合企业数字化管理者阅读的佳作。

山金孝

招商局集团数字化中心技术管理处处长

本书阐述企业管理者的数字化领导力，对当前企业高层领导推动数字化转型、显著提升效益和竞争力很有意义。书中强调"清晰的企业战略、商业模式和业务流程是数字化领导力的关键要素""制定正确的规则进行领导、管理和监督"、建立有核心能力的数字技术团队、聘用持续陪跑的数字化教练。许多企业数字化转型未能实现期望的经济效益，关键原因是高层没有做好其负责的转型工作，没有发挥数字化领导力。例如，制定战略时没有纳入数字化，没有充分利用数字化对商业模式和运营模式进行重构创新，没有拉通企业整体的一体化流程、数据资产管理和开展数智大运营，没有建立既熟悉业务又熟悉技术的数字化团队（数字化部门和相关业务部门）。

陈东锋

广东省首席信息官协会副会长

中山大学企业管理研究所资深研究员

宝洁、万科等公司原副总裁/CIO

当前，各类组织的数字化转型深受国际地缘政治紧张、技术主权意识高涨、数绿融合加速、生成式 AI 爆发等因素交织的影响。企业高管既要应对外部环境日趋动荡的挑战，也要纾解前沿数字技术应用带来的流程革新、人岗变动等不适。阅读这本书，可以给各级管理者带来三大收益：其一，组织的数字化转型既是技术融合驱动的新质生产力变革，也是重塑新质生产关系的艰难旅程，提升管理者的数字化领导力是实现组织数字跃迁的重要保障；其二，管理者的数字化领导力是数字化认知力、执行力与激励力的三位一体，数字化认知力赋予决策者远见与洞察，数字化执行力强调自上而下的贯彻与落实，数字化激励力确保自下而上的试错与探索；其三，高质量发展与高水平安全将贯穿组织的数字化转型全过程，管理者的数字化领导力重在加强系统观念，培养数据思维，增强风险意识。

吴俊

北京邮电大学经济管理学院教授

这是国内首部专注于数字化领导力的著作，旨在帮助非技术出身的管理者建立数字化战略和技术认知，从而提升领导力。作者通过数字化领导力的关键要素拆解，引领读者正确看待数字化及数字化转型；深入浅出地讲解了数字化时代管理者所面临的挑战，并提供了实用的指导和方法，使读者能够适应和引领数字化转型。这本书不仅包含了关键理论框架，还融合了大量真实案例和行业洞察，使读者能够更加深入地理解数字化背景下的领导力实践。无论是想要掌握数字化战略的决策者，还是希望提升领导力的管理者，都能从本书中获得宝贵的启示和指引。强烈推荐给所有渴望在数字化时代傲视群雄的管理者们！

潘明俊

奥美集团全球数字化总监

这本书直击数字化时代领导力的深层要素，全面介绍了数字技术在业务场景中的应用，涵盖人才、战略、卓越运营、治理和网络安全等方面，为管理者提供实用的战略指南，协助企业家通过意识升维引领组织成功转型。

樊重俊
上海理工大学教授、博士生导师、电子商务发展研究院院长

甚至还没有通读完全书，我就迫不及待建议，这本书要尽快出版，并想尽办法送到企业决策者或高管层手中！不仅送给民企，也要送给国企。

由于工作关系，我拜访过很多企业决策层。对数字化转型，尤其是如何领导数字化转型，大多数领导很茫然。而这本书，恰到好处，以浅显的语言和丰富的案例阐述了企业数字化战略、业务流程主线，跟踪匹配流程/技术并对其进行原型设计，并强调要通过正确的规则领导和管理数字化转型，要寻找、留住和奖励数字化建设人才。

陈广乾
青岛兮易信息技术有限公司董事长

数字经济发展速度之快、辐射范围之广、影响程度之深前所未有，正在成为重组全球要素资源、重塑全球经济结构、改变全球竞争格局的关键力量。企业管理者如何在数字化浪潮中带领自己的企业、团队顺应潮流，把握机遇，在激烈的市场竞争中把握先机？通过学习该书，可以系统、全面地重塑自己的认知体系、能力体系和行为体系，提升自己在数字化时代的竞争力。

王红海
广州友谊集团 CIO

这本书最打动我的是关于数字化教练的概念："你应该立即开始招聘或者聘请一个数字化教练，就像健身教练一样，他能够指导你，但还是由你自己去完成每一个动作。"这个概念完美地纠正了传统管理者常有的数字化是 CIO 的事、数字化项目应带来立竿见影的业务价值等似是而非的

观点。健身是为了管理者自身的健康和魅力,而不是为健身教练而健身。用好数字化教练,回答好关于新兴技术的三个问题,才能使商业模式变革更好地帮助战略落地。

朱卫东
上汽安吉物流股份有限公司数智技术部总经理、
质量与经济运营部执行总监
安吉加加信息技术有限公司总经理

在企业管理的复杂世界中,企业家在思考如何生存与变革,业务团队专注于新的商业,后台的人力和财务团队聚焦于各种效率和资源指标,而IT团队总是讨论着各种新兴技术和产品。这种多元化的视角往往导致管理层在企业数字化上很难达成共识,增加了企业在数字化建设中的沟通成本、决策成本和试错成本。每年都会有新的热点,互联网新媒体、云计算、大数据、区块链、低代码、RPA、人工智能、虚拟现实、元宇宙等科技领域的热点不断涌现。哪些技术是实质性的突破?哪些只是花里胡哨的昙花一现?在数字化建设的过程中,企业的管理者首先要做的是共同学习,在多个方向上达成共识,明确在策略上是做行业的先行者还是跟随者,识别企业内外关键人才和团队,辨识对企业最有价值的技术和产品,从而明确数字化建设的目标、方向、机制和路径。强烈推荐这本书!

沈旸
联易融副总裁

数字化转型最大的挑战之一在于业务整体统筹管理者和价值链运营管理者对于数字化的思维认知不协调、不全面、不体系、不融合,无法建立数字化时代的领导力。这本书从企业战略、商业模式、业务流程出发,全面地介绍了数字化的典型技术及灵魂三问(是什么?为什么?怎么做?),并且史凯先生基于他二十多年的实战经验对英文原版内容进行了优化,更加适合不断发展迭代且在全球逐步取得领先地位的中国市场及其核心商业实体。因此，将本书推荐给所有在数字化转型路上的中国商业实体的统筹管理者和价值链运营管理者。

李旭昶

新希望集团首席数字官

新希望数科集团 CEO

数字化时代，只有少数企业能够数字化转型成功，绝大多数企业将在数字化浪潮中沉沦或消亡，根本原因是企业管理者的技能已经跟不上技术发展的趋势和潮流，或者是企业已经丧失了学习和驱动变化的能力。在数字化时代，业务就是技术，技术就是业务。希望企业管理者能从这本书中获得启发与指引，武装头脑，引领企业的数字化转型，使企业成为数字化企业。

王靖

埃森哲前董事总经理

北京人力华明科技公司总经理

本书全面阐述了企业拥抱数字化所能带来的管理变革和商业价值，译者史凯先生等人结合其数十年来的数字化领域见识，为我们带来不一样的认知和体验。

张立阳

九三集团数字化控制部经理

在数字化浪潮的冲击下，管理者必须重塑领导力，以适应这个日新月异的世界。这本书为管理者提供了一幅清晰的路线图，从战略管理到商业模式，从流程管理到流程建模，从数字技术到数字化转型，从领导监督到创新人才，以商业、管理、技术的有机结合为主线，指引管理者在数字化转型中以清晰的逻辑、便捷的方法和有效的工具推动企业发展、产业创新、商业变革。

郭威

山西大学自动化与软件学院副院长

译者序

近年来，数据要素正逐渐成为继土地、劳动力、资本、技术之后驱动经济社会发展的新的生产要素，已快速融入生产、分配、流通、消费和社会服务管理等各环节，加快构建以数据为关键要素的数字经济取得了积极进展。数字化已经成为企业生存、发展，以及获取新时代下竞争力的必然手段和必经之路。

我一直以来服务于众多企业的数字化转型，发现大家对于数字技术、数字化转型的理解和认知是参差不齐的，尤其是非技术出身的管理者：有的将数字化神化，认为它无所不能；有的正好相反，还在死守旧的思维模式和工作方法，将数字化当作笑话，认为数字化就是一个噱头。

什么是云计算？什么是大数据？什么是人工智能？什么是区块链？如今新兴技术层出不穷，日新月异。这些新兴技术与企业战略、业务流程、商业模式有什么关系？是否需要关注它们？如何利用它们来达成业务目标？这是每一个管理者当下都面临的数字化焦虑的一部分。统一数字化认知是必备的基础，是使数字化转型真正落地的基础，也是找到有价值的业务场景并使其在企业里真正发挥作用的基础。而建立数字化认知，首先要从管理者的数字化领导力开始，数字化转型本质上是新的生产力带来的生产关系的升级和重构，本身是一场变革，而变革必然是自上而下的系统工程。

对于当下的企业来说，管理者如果不具备客观、深刻、科学的数字化领导力，对于数字技术缺乏全面、正确的认识，则无法深入理解数字化转型与企业业务的关系，无法理解开发人员、业务分析师、数据工程师等人员的工作区别，无法将业务和技术、组织和能力、流程和数据通过管理手段完美融合。所有的数字化转型的举措和成果都会难以落地，乃至付诸东流。

我在过去二十多年的实践中总结了数字化时代管理者的精益数字化领导力模型，如图所示。在边界模糊、快速变化的市场竞争中，管理者应该建设战略落地、组织驱动、变革引领、洞察预测的四大核心能力，从而以终为始，使众人行，创新突破达成企业的重构升级。而这一切都需要一个全面、科学的数字化认知作为基础，需要让非技术管理者建设起对数字技术的深刻理解和应用逻辑。

精益数字化领导力模型

我一直在寻找一本能够用业务和管理人员好懂的语言将数字技术全方位、深入浅出地讲清楚的书，直到看到斯蒂芬·J.安德里奥尔的这本著作。这本书开门见山，直奔主题，内容精练，围绕是什么、为什么重要、做什么这三个关键问题，全方位和体系化地介绍了常见的数字技术，让非技术管理者能够理解数字化所带来的价值、数字化能解决的问题，以及可以采用的行动举措。考虑到中外文化的差异，原书有非常多英文语境下的类比、互动、语气词等，书中所举的很多案例内容并不完全适合国内的环境，所以我在翻译过程中，在不改变原文意图的情况下，从适合国内读者阅读和理解的角度进行了翻译。

翻译过程也是体系化地回顾和整理数字技术对于数字化转型的作用和价值的过程。这本书里的很多观点与我们所熟知的主流观点有所不同，可以从另外一个视角为大家带来一些新的启发和参考。

感谢陈鹏女士、李圆女士参与本书的翻译过程以及所做的贡献。感谢立邦中国、本钢集团、魏桥国科智造、深圳数据交易所、中国计算机学会等机构的支持。感谢在本书翻译过程中给予校审支持的热心读者。

数字化浪潮，是一个时代的变迁，每一个个体都会在数字化浪潮下重构自己的认知体系、能力体系和行为体系。认知统一，方能高效前行。

数字化转型，源自技术，始于业务，成于数据，量于价值，终于组织。而数字化转型能否成功则取决于以一把手为核心的管理层。构建数字化领导力，方能开启数字化转型成功之门。

史凯
《精益数据方法论》作者，精益数据创始人

推荐序

我有幸在生活和工作中认识斯蒂芬。他的职业生涯令人难以置信，涉及学术界、政府、金融服务、风险投资和咨询领域。斯蒂芬发表了 500 多篇文章，写作了大量书籍。他对技术充满热情，蔑视炒作，这是我们的共同点。斯蒂芬是一个说真话的人，也是一个根据现实经验撰写文章和提供建议的人。维拉诺瓦大学的学生们都称他是一位有远见的人——他一生致力于塑造未来的领导者。我很高兴斯蒂芬将他的努力和精力投入到解决另一个难以捉摸的业务挑战——数字化中。自从几十年前我们第一次在维拉诺瓦技术咨询委员会见面以来，斯蒂芬对业务和技术战略的关注以及他发人深省的风格对我产生了深远的影响。

斯蒂芬的观点基于他独特的、对于一些人来说可能会引起争议的见解和经验。作为 Cigna 的首席技术官，他了解大型上市公司；作为风险投资家和 Safeguard Scientifics 的首席技术官，他推动了初创公司的成功。这些经验使斯蒂芬在制定战略和帮助技术行业应对复杂挑战方面拥有独特的视角。在当今动荡的商业环境中，该书是一本企业在技术驱动的数字化时代取得成功的指南。这本书充满了实用的建议和关于什么有效、什么无效的直接讨论。在这本书出版之际，企业正在努力定义其数字化战略，人才正在流失，而客户的期望需要灵活的流程和无缝交互。我推荐你阅读并实施这本书中的实践，与你的团队分享经验教训和行动计划。你将以不同的方式看待技术，并且你将拥有能够帮助你在数字化转型中取得成功的数字化领导力。斯蒂芬在本书的前半部分致力于阐述战略的重要性以及技术在推动成功方面可以发挥的作用。

先锋集团的早期成功归功于良好的投资原则——低成本、广泛的资产配置和长远的眼光。随着投资界开始采用这些经过时间考验的原则，先锋集团开始为更进一步的发展寻找下一个差异化因素和竞争优势。正如斯蒂芬在第 1 章中指出的那样，当谈到战略时，简单的模型效果最好。第 1 章概述了制定企业战略的步骤，为创建数字化领导力所需的企业战略、商业模式、业务流程和转型技术奠定了基础。先锋集团决定利用技术来颠覆财务咨询领域。鉴于金融市场的复杂性，投资者感到不知所措。财务咨询的收费很高，这在带来高利润率的同时也使得业务流程冗繁。一些初创公司开始进军这一领域，但它们的解决方案的目标是实现不需要人工交互的完全自动化。先锋集团的解决方案是人工交互的自动化，即可以在业务流程的关键点引入人工顾问进行人工交互以提供支持和指导，这需要在跨地域的技术平台上规模化实现，以便降低成本，并为尽可能多的投资者提供服务。先锋集团采用了许多变革性技术，包括重度利用人工智能/机器学习技术构建一个云原生、基于 API（应用程序编程接口）的财务咨询平台。先锋集团的企业战略、商业模式、技术驱动的业务流程是数字化解决方案的基础。

第 7 章中有两点特别能引起我的共鸣。首先，没有人比你更了解你的公司、你的行业、你的客户和你的人才。所以不要将你的战略外包。外部观点可能会有所帮助，但公司内部管理者必须拥有战略核心能力和领导力来推动公司向前发展。其次，设立首席信息官。先锋集团任命一名全球首席信息官向董事长汇报并负责全球所有技术。当你的战略和技术需要保持一致时，组织结构就很重要。在我们的案例中，由唯一的数字化管理组织来负责技术不仅有助于提供有效且可扩展的解决方案，还有助于建立问责制并避免各自为政。

斯蒂芬在第 9 章专门讨论了寻找人才、留住人才和奖励人才。他对培养未来管理者的热情对我和我的许多同行产生了影响。我有幸担任了先锋集团全球首席信息官近十年且热爱这份工作，我们的口号是成为技术人才的最佳工作场所。事实上，先锋集团在过去五年中一直被 Computerworld 评为 IT 领域十佳工作场所，最近一次排名第四。当我在 2012 年担任首席信息官时，我们的技术组织在员工敬业度方面遇到了困难。以下的一些经验教训使得先锋集团的技术人员在敬业度方面从落后者变成了引领者。首先，表明你对技术团队的关心程度不亚于与你对客户的关心程度。尤其在过去几年经历了像全球流行病、地区性战争等这些意想不到的事情。管理者就有了亲自带领团队并鼓励团队对话的机会。对于真正关心团队福祉的管理者来说，至少在团队成员努力应对这类挑战的过程中，及时了解他们的个人情况是必要的。其次，领导力很重要，以确保管理者不仅是技术或业务管理者，更是优秀的团队管理者。最后，宣扬企业使命并使技术团队与企业目标和实际成果保持一致，即建立一个以使命为导向的企业。

我从斯蒂芬身上学到了很多，在先锋集团工作期间，我就应用了他现在在本书中介绍的许多内容。

这本书值得数字化时代的每一个希望成功的企业参考，它能帮助企业创造一种文化，以吸引和授权团队，以差异化的方式服务客户，并提供增加股东价值的解决方案。说起来容易，执行起来极其困难。这本书还给出了打造数字化领导力的核心步骤。从人才、战略、卓越运营、治理和网络安全等方面来说，这本书是每位企业管理者的必读之作！

约翰·马坎特

先锋集团前全球首席信息官，现任德勤公司常驻美国首席信息官

前　言

本书主旨

（1）如果没有战略、商业模式以及"现状"和"未来"的业务行动计划，一切都会没有意义。

本书将告诉你如何制定数字化战略，如何开发商业模式以及如何利用现有和新兴技术改进、自动化或重塑新的业务流程。

（2）技术厂商给出的关于如何经营业务或跟踪技术发展的建议，至多只能作为一种参考。本书强调数字化领导力的核心能力，即能够区分运营技术和战略技术。

（3）运营技术现在只是一种无差别商品，就像瓶装水一样，你可以在任何地方买到。ERP 应用程序、BI 平台和云提供商之间的区别不大，企业应该更多地关注利用战略技术能力来构建数字化领导力。

（4）要关注业务，从业务视角出发审视数字化转型。

（5）对于实现数字化转型的新兴技术，重点掌握它们是什么（What）、它们为什么重要（Why）以及如何利用它们（How）。

（6）人工智能和机器学习正在改变商业游戏规则，企业需要关注并重视这些新兴技术，从而在新的竞争中获得竞争力。

（7）多层级组织架构、问责制、绩效指标和沉着镇定的管理是领导、管理和监督的关键要素。

（8）行为准则对于创新是必不可少的，商业化创新成果是衡量创新成果的唯一指标。

（9）要建立有核心能力的数字技术团队，他们将是企业核心竞争力的引擎。

（10）尝试建立持续陪跑的数字化教练，取代那些项目制的咨询公司团队。

大多数数字化转型项目失败是有原因的，而其中很重要的一个原因就是企业管理者缺乏对数字化的正确认知。传统管理者需要建立数字化领导力，从而具备领导这个新时代变革的能力。

我们都知道人工智能、机器学习、增强现实和边缘计算等技术非常重要。我们也知道业务流程需要优化，而技术可以通过在正确的时间进行正确的投资来改进、自动化或重塑既省钱又赚钱的业务流程。但我们并不确切知道如何利用现有的和新兴的数字技术，这本书就是希望用非技术人员能够听懂的三段论"是什么、为什么、做什么"来让管理者快速理解新的数字技术，从而具备数字化时代管理者的技术战略素养。

本书开门见山，直奔正题

本书描述了在数字技术驱动的竞争环境下的技术管理战略，探讨了商业与技术之间正在消失的差距。它可以帮助你更快地驾驭国内和全球竞争格局。本书可读性强，甚至很直白。这本书由一系列立足于现实的主题组成，而不是关于应该做什么的理论愿望。如今，从如何运营公司，到如何设计产品和服务，再到如何创新，一切都已实现数字化。我希望你知道第四次工业革命正在顺利进行，未来工作已经到来。当然，你需要列车准时运行，但你最好考虑为你正在建造的高速列车开辟新路线。

几十年来，传统企业管理者大都依赖大批的顾问来制定发展战略，确定如何让企业保持竞争力。在数字化时代，企业管理者需要的是构建自身的数字化领导力，而且尤其要注重在基础管理之上的业务流程建模。

数字化转型仍然存在阻力。我永远不会忘记，曾经一家财富 100 强公司的首席财务官给出互联网是"一种时尚，几年后就会消失"的判断。令人难以置信的是，这么多年过去了，还是有许多企业无法接受技术已经带来的变化，更不用说它将带来下一个十年的变化。企业的数字化转型不能仅仅围绕服务器、企业应用程序、数据库和网络，更需要的是数字化战略，用全新的方式利用技术的操作性和战略性，准确地说是构建数字化领导力。

有些人仍然认为 AWS、Azure 和 Google Cloud 之间存在巨大差异，SAP 与 Oracle 完全不同，Tableau 与 Qlik 和 MicroStrategy 相比非常棒。然而，运营硬件、软件和云的供应商之所以选择它们，不是因为它们具有差异化优势，而是因为更换它们的成本非常高。但请记住，运营技术现在已完全商品化。云提供商、笔记本电脑制造商、BI 软件供应商、视频电话会议应用程序、ERP 应用程序或网络配置之间没有真正的区别，而且它们都可以从供应商处购买或租赁。这究竟意味着什么？这意味着通过更换笔记本电脑、部署新的 ERP 应用程序或选择新的云供应商而获得的竞争优势相对较小。真正的杠杆、唯一的差异化因素是战略技术是否具备数字化领导力。本书聚焦如何建立匹配的战略技术从而构建数字化领导力。

技术就是业务，业务也是技术

业务和技术之间已经没有界限。如果不同时做出业务决策，就无法做出技术决策，反之亦然。所有技术决策，甚至运营决策，都是业务决策。从长远来看，所有业务决策都是技术决策。例如，将数据和应用程序迁移到亚马逊的网络服务、微软 Azure 或谷歌的云平台时，将直接影响企业业务。

在数字化时代，业务流程和整个商业模式必须改变（包括改进业务流程，使业务流程自动化等）。这需要做出如下战略决策：用什么来代替它们，哪些技术使这一切发生，哪些与你的主要市场、邻近市场和新市场无关等。

在数字化时代，只有数字化企业才能生存。如果你通过过去预测未来，你就会失败。如果你将技术视为服务器、数据库和服务台，你就会失败；如果你相信可以保守地管理新兴技术的使用，你就会失败；如果你认为顾问会拯救你，你就会失败；如果你相信你的团队已经准备好应对这一切，那么你肯定会失败。因此，这不仅仅是云原生应用程序、边缘计算、创新、人工智能、新的卓越中心或数字化转型（无论这对你意味着什么）。显然，所有这些事情都很重要，但最重要的是打造数字化战略的同时，建立数字化领导力。

这本书得到了我的朋友、同事，以及首席执行官、董事会主席、政府官员、首席信息官、首席技术官、基金会主席等的帮助。这本书的灵感可能来自我在维拉诺瓦大学的学生，他们在很多方面对我和这本书产生了重大影响。我的学生们不断向我提出问题，这促使我完成了这本书。因此，本书谨献给他们。

感谢所有听过我的课的人，要感谢拉布雷克家族多年来对我的支持。

目 录

推荐语
译者序
推荐序
前　言

页码	章 / 标题
1	**第 1 章　清晰的企业战略、商业模式和业务流程是构建数字化领导力的关键要素**
2	1.1　回归业务初心
4	1.2　制定正确的企业战略
7	1.3　商业模式
9	1.4　业务流程
11	1.5　业务流程建模工具
12	1.6　BPM³ 在实际工作中的应用
17	**第 2 章　跟踪、匹配流程 / 技术和原型设计**
18	2.1　应该跟踪的技术
21	2.2　基础设施技术
32	2.3　应用技术
47	**第 3 章　正确看待数字化转型**
48	3.1　什么是数字化转型
50	3.2　消除数字化转型的认知误区
52	3.3　数字化转型的前提条件
55	3.4　数字化转型的六个步骤
56	3.5　数字化转型的软性保障

页码	**章** / 标题
61	**第 4 章　优先关注人工智能和机器学习**
62	4.1　人工智能已经成为竞赛场
65	4.2　应用目标
72	4.3　实现自动化的 10 个步骤
76	4.4　对话式 AI
80	4.5　关于奇点与生成式 AI
83	**第 5 章　对网络安全进行必要的投资**
84	5.1　网络战已经到来
86	5.2　网络攻击
87	5.3　机器人和网络战
90	5.4　网络安全的实践策略
97	**第 6 章　拥抱监管政策**
99	6.1　隐私和监管
100	6.2　全民互联网
100	6.3　虚假或错误信息
101	6.4　反垄断
101	6.5　网络安全
102	6.6　人工智能和机器学习
103	6.7　加密货币
104	6.8　合规
107	**第 7 章　制定正确的领导、管理和监督规则**
108	7.1　领导力和管理的挑战
109	7.2　减少高级管理者的数量
111	7.3　建立层级管理结构
113	7.4　管理情绪

页码	章 / 标题
116	7.5 数字化治理
121	**第 8 章　创新是企业生存的根本**
122	8.1 创新及其类型
124	8.2 创新的商业化过程
125	8.3 演示很重要
127	8.4 让技术团队行动起来
131	8.5 治理
135	**第 9 章　管理者必备的五项数字化领导力**
136	9.1 数字化企业的人才差距
138	9.2 五项必备的数字化领导力
140	9.3 培养急需人才
142	9.4 留住和激励人才
147	**参考文献**

The Digital
PlayBook

清晰的企业战略、商业模式和
业务流程是构建数字化
领导力的关键要素

阅读心得

本章要点

- 如果不了解企业战略、商业模式或业务流程，就无法利用现有或新兴技术，数字化领导力则更无从谈起。
- 制定企业战略，从企业战略中提取商业模式，以及识别可以利用技术进行改进、自动化或重构的业务流程，是你无法回避的艰巨任务。
- 需要重新思考对咨询顾问和供应商的依赖。如果企业不进行战略规划，建立商业模式，识别、描述和挖掘业务流程，跟踪技术并找到能够使企业更具竞争力的与业务相匹配的技术，那么企业将会失败。

1.1 回归业务初心

如果你不充分地了解需要改进的业务，就无法优化业务和技术之间的关系。每当我进行技术演讲或教授技术课程时，我总是以当下要解决的问题开始，然后我会从企业战略、商业模型和业务流程分析入手，这通常会引起一些人打哈欠（或学生们的更糟反应）。如果你现在在打哈欠，那么是时候清醒过来，思考你参与的最重要的部分了。

研究告诉我们，若企业在战略方面做得不好，其商业模式往往更糟糕，业务流程也通常一无是处，这就是很多技术项目无法对业务产生影响的原因。让我们从一些坏消息开始：你缺少达成目标所需的要素。如果我要求你提供每个人都能接受的且已达成一致的企业战略，再从企业战略中衍生出商业模式，并构建相应的业务流程，以及改进、自动化或重构这些业务流程的技术，你会像看疯子一样看着我。

图 1-1 展示了制定企业战略的 5 个步骤。

没有企业战略，就无法对业务进行建模；没有商业模式，就无法定义业务流程；没有业务流程，就无法匹配改进、自动化或重构这些流程的技术。

图 1-2 展示了制定企业战略的升级步骤。

步骤1	步骤2	步骤3	步骤4	步骤5
制定企业战略	描述商业模式	描述和分析业务流程	确定数字化转型的技术	规划企业数字化转型蓝图
请描述当前和未来3~5年的企业战略	请描述企业现有的和未来的商业模式	确定需要改进、自动化或重构的业务流程	追踪和识别最有可能影响业务流程的技术	对业务流程/技术匹配组合的可能性开展相应的原型设计

图 1-1　制定企业战略的 5 个步骤

步骤1	步骤2	步骤3	步骤4	步骤5	步骤6	步骤7
制定企业战略	描述商业模式	描述和分析业务流程	确定数字化转型的技术	规划企业数字化转型蓝图	应用程序的设计和开发	运营技术
请描述当前和未来3~5年的企业战略	请描述企业现有的和未来的商业模式	确定需要改进、自动化或重构的业务流程	追踪和识别最有可能影响业务流程的技术	对业务流程/技术匹配组合的可能性开展相应的原型设计	试点业务流程和技术组合的可能性	部署和扩展业务流程/技术组合
内部资源					合作	外部资源

图 1-2　制定企业战略的升级步骤

如果无法制定企业战略、建立商业模式、识别和概述业务流程、跟踪技术，并确定能够使企业更具竞争力的与业务相匹配的技术，那么作为一名管理者，你的工作究竟是什么？

内部智慧与外部力量的合理布阵是企业最终成功的关键因素之一。在制定企业发展策略和计划时，管理者必须决定哪些可以在企业内部完成，哪些可以外包给顾问和教练。

1.2 制定正确的企业战略

所有战略思维都是一种属于"智慧"而非"力量"的核心能力。企业的管理者必须掌控企业战略、商业模式和业务流程。

《哈佛商业评论》（Carucci, 2017）的一项研究"高管因过于关注内部事务而无法执行战略"指出："许多高管表示，他们在被任命为高级领导职位后，对所面临的战略挑战毫无准备……他们的关注点是内部事物：解决冲突、协调预算、管理绩效。因此，他们对竞争对手的动态、客户需求或技术趋势等与企业战略相关的外部事物关注较少。"

高管们忙于内部事务，而且过于关注内部事务，不知道如何制定企业战略，甚至没有去考虑企业战略。这项研究描述了存在的问题：有的企业没有战略，即使有战略，也往往是无效的。

无效的战略充其量只能说是在商业技术的不确定性中的微弱灯光。它是给董事会的一个必要的礼物，是 CEO 的必选项，或者是当上市公司的未来发展受到质疑时股票分析师可以检查的东西，或者是供应链合作伙伴想知道他们的合作伙伴打算如何利用技术时可以参考的东西。但可操作性呢？几乎没有一个是真正可操作的，而那些受到所有关注的战略可能会给企业造成数百万美元甚至数十亿美元的损失。

Bughin 等人（2018）提出：技术战略的失败是由于业务流程和企业目标存在问题；技术战略与传统的业务战略不同，因为技术变化如此之快！尽管现有的商业模式面临着不断的挑战，但大多数企业因没有做出回应，而最终失败。事实上，只有 8% 的企业相信自己的商业模式在数字化的进程中会保持经济性、可行性。

那么该做什么？让我们保持简单，这意味着我不要求你重新阅读 Porter 的五力模型（Investopedia, 2022）。在战略方面，一个简单的模型比一个由数百位学者、专家和顾问在 40 多年中不断修正得出的多层模型更好。

图 1-3 是由大卫·J. 科利斯和辛西娅·蒙哥马利（2005）提出的一个简单模型，即企业战略三要素：企业目标、企业范围和企业优势。请记住，企业战略将衍生出商业模式，而商业模式将产生通过现有或新兴技术来改进、自动化或重构的业务流程。

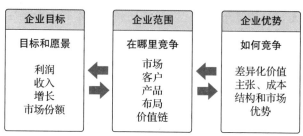

图 1-3 企业战略三要素

以下是确定企业战略三要素需要回答的问题：

（1）企业目标是什么？需要根据企业利润、收入、增长和市场份额来确定企业的目标，尤其是明确要实现的利润增长百分比。还需要明确企业发展的方向，并制定时间表。

（2）企业战略的范围如何？明确企业发展的核心领域、企业产品的目标市场（是现有市场还是新市场），找准企业的目标客户并向这些客户销售具有竞争力的产品。

（3）企业的竞争优势是什么？制定企业在产品、服务、市场中的竞争策略，明确企业的差异化价值主张、成本结构和市场优势。

企业战略失败的原因通常是目标模糊、管理不善、缺乏高层支持、人才不足、过于复杂、创新文化薄弱等问题。可行的解决办法是拥有一支极具才华的内部专业团队，并根据行业的变化主动采取行动，即主动改变企业的目标、经营范围和竞争优势。

任何行业都是不断变化的，企业战略必须具有灵活性。企业战略规划过程也要持续进行。这就需要一支专注于企业战略的团队。

企业应该更加主动而不是被动，及时应对行业重大变化，并以企业战略和商业模式为先导，重构业务流程。

【指南】

企业战略思维是一项核心竞争力，简单的模型更好，如图 1-3 中的企业目标、企业范围和企业优势。

请记住，企业战略将衍生出商业模式，商业模式将通过现有或新兴技术来改进、自动化或重构业务流程。

企业应该更加积极主动而不是被动改变企业目标、范围和优势，因为没有哪个行业能够免于数字化的影响。

1.3 商业模式

从企业战略衍生出商业模式是自然而然的。企业战略是实现市场目标的高级行动计划。它详细描述了企业可能遇到的两种状况——最好状况或最坏状况，以及在这两种状况下实现目标所需要采取的战略行动。它还评估了竞争环境，因为企业战略不能存在于真空的市场环境中。

商业模式描述了企业如何通过可能产生最大市场份额和利润的市场推广企业战略，以实现战略目标。例如，订阅模式、直销模式、特许经营模式、产品服务模式和零售商模式等。商业模式就像企业战略一样是灵活的，它们可能突然改变，因此企业必须适应不断变化的市场条件。

业务流程是为了服务企业战略和实现商业模式而设立的具体步骤。因此，商业模式位于企业战略和业务流程之间。商业模式必须忠实于整体企业战略，并具有最有效的业务流程。

企业要围绕目标、范围和优势开发企业战略，否则就无法将企业的目标、范围和优势转化为定义市场推广计划的商业模式。

许多企业使用商业模式画布来描述商业模式。商业模式画布包括关键合作伙伴、关键活动、核心资源、价值主张、客户关系、客户细分、渠道、成本结构和收入来源。

另外，商业模式画布还应包括竞争，特别是"新进入者"的竞争（CFI，2022）。

虽然商业模式画布的元素似乎是基本的，但大多数公司在商业模式画布测试中可能会失败，大多数高管也会失败。为什么？因为企业战略、商业模式和业务流程清单很难被理解。

商业模式画布的目的是激发你对如何赚钱的思考。它也很好地延伸了企业战略目标、范围和优势，乃至业务流程。

1.4 业务流程

再次强调，商业模式画布的每个元素都应由现有的业务流程组成，这些业务流程共同描述企业工作，也描述了可盈利的新业务流程的来源。

如果你无法描述商业模式，那么就无法确定那些需要改进、自动化或重构的业务流程，或者那些通过新兴技术加持改善企业的市场竞争地位的新业务流程。

以下是一套连贯的商业模式策略：

- 灵活的商业模式。
- 描述由商业模式产生的业务流程清单。
- 描述成本和时间花费最多的业务流程清单。
- 一个按成本、盈利能力或其他指标排序的所有业务流程的实时数据库。
- 单一、集成的数据库中包含所有业务流程的清单。
- 根据现有或新兴技术，按照其改进、自动化或重构的重要程度对业务流程进行排序的数据库。
- 对新业务流程按照其潜力进行排序，从而确定它们在原型制作队列中的位置。
- 每年获得资金支持的全职团队，他们使用最佳的业务流程建模（BPM）工具来完成业务流程建模工作。这些团队是企业内部团队，而非顾问团队。

拥有业务流程数据库的企业数量非常有限。尽管业务流程建模、管理和挖掘在每年的各种会议上都有讨论，但它们在大多数公司中并未占据主流地位。

1. 什么是业务流程

业务流程是一组有组织的活动、步骤或任务，由人员（或机器）执行，以实现特定的目标。

业务流程可以是内部的或外部的。有些业务流程诠释了企业的运作方式，有些业务流程诠释了企业与客户的互动。

理想情况下，业务流程应以特定的顺序进行"建模"，包括实施任务所需的所有步骤。

2. 业务流程建模

如何理解业务流程建模呢？业务流程建模（Business Process Modelling，BPM）本身也是一个过程。它是将业务流程转化为可以根据多个标准（例如成本、复杂性和自动化准备度）进行评估的模型的过程。BPM 通常由业务分析师实施。

3. 业务流程挖掘

业务流程挖掘就是寻找有价值的资产，而有价值的资产就是那些可以通过适当的技术改进、自动化或重构的业务流程。通过检查业务流程数据，可以揭示一些信息：业务流程的完成时间、实施成本、精确性等。业务流程挖掘可以带来巨大的收益。许多供应商提供业务流程挖掘工具集。一如既往，选择一个工具，并在整个企业范围内进行标准化使用。

1.5 业务流程建模工具

一些业务流程建模工具和平台非常知名，并且在市场上存在多年，例如 Mendix、Appian 和 UiPath 等平台。它们能够支持业务流程建模。

描述业务流程的方法包括：

- 业务流程建模符号标记（BPMN）。
- 统一建模语言图表。
- 业务流程图和功能框图。
- 数据流程图。
- 甘特图。
- 集成定义功能（IDEF）建模。
- Petri 网 / 彩色 Petri 网。
- 面向对象方法。
- SIPOC 图。
- 价值流映射。
- IPO 模型。
- PERT 图。

你需要选择一个平台——BPM，使用其符号标记的业务流程建模（BPMN），然后选择一个 BPMN 软件工具，并在整个公司进行标准化。当然，你可以同时使用或租用多个不同的 BPM 平台，只需确保这些平台的标准化输出，与其他软件平台能够无缝集成。

1.6　BPM^3 在实际工作中的应用

BPM^3 是一种可以应用于所有内部业务流程和外部业务流程的行为准则和方法论。BPM^3 描述了业务流程并可识别需要改进的业务流程。举两个例子。第一个例子（见图 1-4）是一个通用的业务流程模型，第二个例子（见图 1-5）是一个描述贷款批准/拒绝流程的业务流程。

在图 1-5 的业务流程中，贷款申请流程是否可以自动化？贷款分析流程是否可以自动化？利用数字技术可重新定义业务流程，业务流程与数字技术的匹配关系如图 1-6 所示。

具备复杂的业务流程建模和挖掘能力的企业比那些没有这些能力的企业具有更大的优势。然而，能够深入应用 BPM^3 的企业非常少。你在 BPM^3 的竞争中处于什么位置？你是否能跟踪、建模和挖掘业务流程？

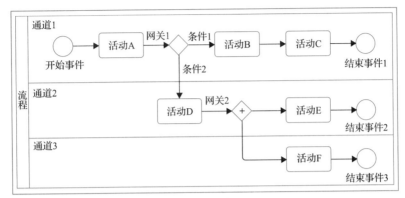

图 1-4　BPM^3 图例

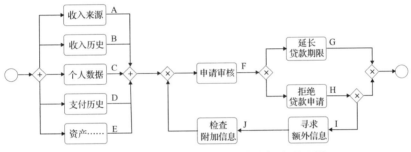

图 1-5　贷款批准/拒绝流程的业务流程示例

BPM^3 需要投入大量资金，但回报也大。那么为什么不是每个企业都致力于 BPM^3 呢？一是因为 BPM^3 启动需要耗费大量时间。二是 BPM^3 需要专业且执行力很强的人才。如果无法定义企业战略、商业模式以及使企业具有竞争力的现有和目标业务流程，那么企业在开始转型之前就已经输了。

BPM^3 是一种行为准则和方法论，可对业务流程进行建模、修改和模拟。目前有很多专有和开源的基于云的 BPM^3 软件工具。

阅读心得

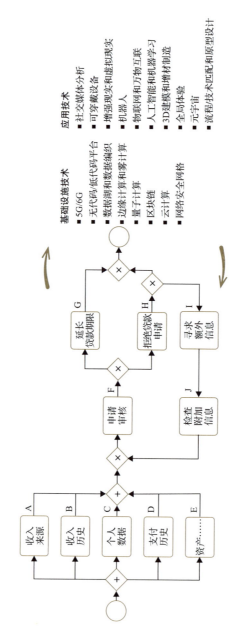

图1-6 业务流程与数字技术的匹配关系

业务流程的建模和挖掘引发了机器人流程自动化（RPA）的产生和发展（Olavsrud et al., 2022）。RPA又需要人工智能和机器学习的支撑。第4章将详细讨论这些内容。

【指南】

许多企业使用商业模式画布来描述其商业模式。商业模式画布的每个元素都涉及现有业务流程，它们也是新业务流程的来源。

如果无法描述企业的商业模式，就无法确定需要改进、自动化或重构业务流程，也无法确定利用数字技术提高企业在市场的竞争地位的新业务流程。

选择一个平台——BPM，使用带有其符号的业务流程建模（BPMN），然后选择一个BPMN软件工具，并在公司内部标准化使用。

BPM[3]是一种可以应用于所有内部业务流程和外部业务流程的行为准则和方法论。BPM[3]描述了业务流程、需要改进的业务流程，定义了企业战略、商业模式和使企业具备竞争力的现有和目标业务流程。

The Digital
PlayBook

跟踪、匹配
流程/技术和原型设计

本章要点

- 必须不断地识别和跟踪影响企业战略、商业模式和业务流程的战略层面技术，对这些技术的认知是数字化领导力的很重要的一部分。
- 对每种技术都要尝试回答它是什么、为什么要关注它和该做什么。
- 战略杠杆的本质在于将有潜在影响力的技术与业务流程、商业模式乃至整个企业战略相匹配。
- 应该对技术/流程的匹配进行调研和原型测试，以衡量技术对业务流程和子流程的影响。
- 匹配正确的技术是企业的核心竞争力。

2.1 应该跟踪的技术

数字化转型是必然的趋势，但是每个企业都要对技术进行甄选。

一些技术可能会破坏企业的业务，而一些只是提供了增量改变的机会。企业的商业模式和业务流程是由企业战略支撑的。

图 2-1 列出了应该跟踪的数字技术清单。最核心的是定义杠杆要素的商业模式和业务流程。

图 2-1 列出了两类新兴技术。内圈表示可实现的基础设施技术，而外圈则是那些催生技术驱动型应用的应用技术。技术跟踪团队需要有充足的资金跟踪技术趋势，并且能直接接触高层的技术决策者。

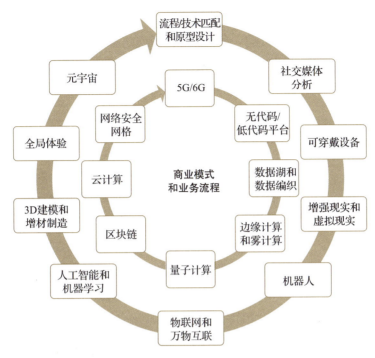

图 2-1 数字技术清单

图 2-1 中的一些技术已经在你的视野中了，或你已经在使用它们，但是也有你刚刚开始跟踪的技术，像云计算这样的"旧"技术正在发生变化。

跟踪技术是一项永无止境的工作。如果你在这方面投入不够，你会在哨声响起之前就输掉比赛。跟踪是真实的、持续的和有影响力的，它是通向商业模式和业务流程的桥梁，甚至是通向整个业务技术战略的桥梁。请记住：没有战略，技术无处可去；没有技术，战略就无法落地。

企业的技术人员中有多少人了解全部的机器学习

算法，并能讨论它们的优缺点以及最适合解决的问题？他们了解神经网络算法的层次结构吗？他们了解用于应用程序开发的低代码平台吗？他们能描述分布式账本吗？他们能描述为什么数据湖优于数据仓库吗？企业必须建立自己的技术专家团队和教练。

作为一名具备数字化领导力的管理者，你应该能够回答关于数字技术的三个问题，即它是什么、为什么要关注它和该做什么。你不需要一大群专业人士或顾问来告诉你该如何看待这些技术或如何处理它们。你需要的是深谙你的商业模式的内部专业人士，以及那些可以帮助你成功的技术。如果你没有这样的内部专业人士，你应该立即开始招聘或者聘请一个数字化教练，就像健身教练一样，他能够指导你，但最终还是你自己去完成每一个动作。

核心问题不应该集中在数字技术的底层是怎么运作的，而是这些数字技术能够给企业战略、商业模式和业务流程带来什么帮助和价值。你需要了解的是数字技术的本质，以及那些可以提高企业竞争力的特征和功能。比如，你需要了解传感器在自动驾驶中扮演的角色以及传感器如何影响业务流程、产品和服务，而不是传感器电路的内部结构，这有巨大的区别。

图 2-1 所示清单上的技术是不断发展的，其中一些将在几年内变得越来越不重要，或者将融入日常生活。例如，量子计算的相关性可能会被推迟，而元

宇宙的热度将会随着它的发展而下降。

让我们从支持业务流程和整个商业模式的基础技术开始。请注意整个数字技术旅程中的三个问题，即它是什么、为什么要关注它和该做什么。

2.2 基础设施技术

2.2.1 5G/6G

1. 它们是什么？

5G/6G 无线通信涉及可用性、传输速率、延迟和安全性等方面。5G/6G 可能对企业的市场份额和可盈利收入产生影响。5G 的传输速率很快，延迟很小甚至没有延迟。6G 的传输速率更快，但是它的可用性和安全性也有一定的不确定性。

2. 为什么要关注它们？

应关注 5G/6G 技术的应用时间表，同时要确保运行 5G/6G 应用程序的设备可以兼容客户应用程序。因为产品和服务会受到 5G/6G 的影响。

3. 该做什么？

评估企业的产品和服务，从而确定 5G/6G 的可用性、传输速率、延迟和安全性可能对业务产生的影响。6G 已经在路上了，它更快、可用性更高，但可能安全性更低。与网络和通信供应商沟通对 5G/6G 的理解，以及如何使网络更快、更可用和更安全的建议，同时还要研究竞争对手正在做什么。

2.2.2 无代码/低代码平台

1. 它们是什么？

无代码/低代码平台的趋势是一股洪流，编程将在不到十年的时间内消失（除了开发无代码/低代码平台所需的编程之外）。这是否意味着编程将完全消失？不是，但这确实意味着应用程序开发的很大一部分工作将通过无须经过正式编程培训的开发人员使用无代码/低代码平台来完成。

无代码/低代码开发平台是一种可视化软件开发环境，允许企业开发人员和个人开发人员通过拖放应用组件并将它们集成来创建应用程序。无代码/低代码平台的模块方法可以让专业开发人员快速构建应用程序，不再需要一行一行地编写代码。它们使业务分析师、办公室管理员、小企业主和其他不是软件开发人员的人能够构建和测试应用程序。

2. 为什么要关注它们？

我们没有夸大无代码/低代码平台能够让非程序员开发应用程序所带来的影响，通过它们可以开发出比传统需求驱动的编程模式更快、更具成本效益的应用程序，从而更快地开发、发布和扩展应用程序，使企业获利并节省大量的资金。

3. 该做什么?

无代码/低代码平台改变了程序开发的游戏规则。企业可以逐步减少雇用的程序员数量，并将无代码/低代码专业知识扩展到技术部门和业务分析师。

2.2.3 数据湖和数据编织

1. 它们是什么?

数据湖是以数据原始格式来存储任何类型数据的存储库，可以存储大量的结构化、半结构化和非结构化数据。它对账户大小和文件没有固定限制。它提供了超大的数据容量。数据湖就像一个类似于真实的湖泊和河流的巨大容器，有结构化数据、非结构化数据、半结构化数据和实时日志流动。

数据编织是一组数据服务，可以在混合云环境的多个端点上提供一致的功能，它将云、本地和边缘设备上的数据管理实践进行了标准化。

2. 为什么要关注它们?

在 20 世纪产生了数据库，后来数据库演变成了数据仓库，现在通过数据架构优化产生了数据湖。当今大部分数据都是非结构化的，不能仅仅对结构化数据进行分析。在架构上，企业需要构建能够支持灵活数据分析的数据基础设施。

3. 该做什么？

数据湖是全兼容型的数据存储库，能够支持各种类型的数据分析。数据编织则代表了一种整体的分析理念，你应该采用这种理念，尽快开始试点。

2.2.4　边缘计算和雾计算

1. 它们是什么？

边缘计算和雾计算是将数据流量引导到云端的技术。边缘计算发生在数据生成的地方，也就是在应用程序网络的"边缘"。这意味着，通过边缘计算可将特定设备（如个人计算机）的数据由传感器和控制器发送到云端。

雾计算是介于云端和边缘层之间的计算层。边缘计算可能会直接将大量数据流发送到云端，而雾计算可以在数据到达云端之前从边缘层接收数据，并决定哪些数据是相关的，哪些数据不是相关的。

2. 为什么要关注它们？

边缘计算和雾计算具有许多优势，特别是在需要实时处理的应用程序（如自动驾驶车辆和游戏应用）中，它们能提供更快的速度和较低的延迟。它们还能够在数据存储和传输方面节省成本，在云端崩溃时仍然可靠（就像在互联网连接断开时仍然可以使用计算机一样）。它们通过分散数据来提供更好的安全性，并且通过简单地在云的边缘添加更多设备来实现可扩展性。

3. 该做什么?

建议对边缘或雾计算进行试点,以确定它们在多大程度上可提升速度、节约成本,以提高可靠性、安全性和可伸缩性。使用边缘架构和雾架构可实现"共享"计算,使企业获得最大的收益。

2.2.5 量子计算

1. 它是什么?

量子计算以不同的方式处理信息(Frankenfield,2021)。传统的由计算机完成的计算使用二进制数1和0。量子计算使用量子位,连接在一起的量子位会以指数级增加量子计算的能力,而传统的由计算机完成的计算只能通过连接更多的晶体管来线性增加计算能力,并适合完成日常任务。量子计算非常适合进行数据分析和仿真。

2. 为什么要关注它?

从事密码学、复杂的金融建模或物流业务的企业越早关注它越好。量子计算为创作者、开发人员和咨询顾问提供了新的收入来源。

3. 该做什么?

上述行业的企业要尽早开始与主要的量子计算供

应商合作。未来几年量子计算及其应用会有重大进展。谷歌表示它对量子计算的布局将在 2029 年准备就绪，IBM 则承诺了更短的布局量子计算的时间表。

2.2.6 区块链

1. 它是什么？

区块链是一种共享数据库，与传统数据库的不同之处在于它存储信息的方式。区块链将数据存储在区块中，然后使用加密技术将这些区块链接在一起。新数据不断被输入到新的区块中，该区块填满数据后，就会被链接到前一个区块，使数据按照时间顺序联系在一起。区块链可以存储各种类型的数据，但到目前为止，区块链最常见的用途是作为交易账本。

2. 为什么要关注它？

金融行业是区块链应用方面的引领者，医疗保健行业紧随其后。到 2025 年，区块链将完全摆脱其单一的加密货币身份，成为一个合法的交易平台。那时，主流技术供应商和垂直行业的管理者都将部署区块链。从事金融服务或医疗保健行业的企业则需要跟踪和试点区块链。但 Kim 指出，应用区块链应该适度减弱，因为目前区块链挖矿过程消耗了巨大的资源，也引发了环保问题（Kim，2022）。

3. 该做什么？

早期采用区块链的企业，要持续跟踪和试点区块链，并特别关注"挖矿"过程。区块链是元宇宙计划中交易的主要赋能技术。区块链即服务（Sant，2021）将远远超越云供应商所提供的服务。

2.2.7 云计算

1. 它是什么？

云计算是企业基础设施、应用程序和技术战略的重要组成部分。有的企业已经在云端部署了大部分基础设施和企业应用程序，有的企业还通过云供应商提供产品和服务，以获取更多的利润。因此，云端部署出现问题会对业务造成损害甚至使业务崩溃。

云计算是按需使用的，客户通过云计算能够访问企业销售端的应用程序。软件公司销售各种"服务"，包括客户关系管理（CRM）、企业资源计划（ERP）和用于支持企业活动（如营销和创新）的应用程序。

云计算包括服务器、网络和存储，即基础设施即服务（IaaS）。平台即服务（PaaS）是建立在 IaaS 的基础上的，它提供开发应用程序的平台和工具。软件即服务（SaaS）则给内部员工和外部客户提供应用程序。当大多数人提到云计算时，通常指的是 SaaS。请记住，所有的"即服务"功能都需要访问云供应商的技术。

企业都有多个云供应商，部分原因是很难从一个供应商那里找到所需要的一切，还有部分原因是进行风险分散，以防出错。使用的云供应商越多，企业管理的服务级别协议（SLAs）就越多，花费也越多。

云计算分为公有云计算、私有云计算和混合云计算。它们的区别在于安全性、隐私性和保护性。公有云计算可以实现大多数 SaaS、IaaS 和 PaaS 活动。私有云计算可通过"防火墙"保护数据和应用程序，以经典的"多租户"云计算模型阻止公众访问。这是一种安全措施，特别是对于设计和开发大量应用程序的企业，或者想要定制基础架构的企业。许多企业使用混合云（包含公有云和私有云）来决定什么是"私有的"，什么是"公有的"。

云计算决策需要具有矩阵思维。有三种主要的云计算服务——IaaS，PaaS 和 SaaS，以及三种访问云的方式——公有云计算，私有云计算和混合云计算。这些功能和访问方法可能会因云供应商数量增加而变得更为复杂。

2. 为什么要关注它？

如今，如果企业没有对云计算做出重大投资，就无法运营业务，因为许多应用程序只能在云中提供，许多产品和服务也是利用云计算进行销售的。许多新兴技术平台也都部署在云中。企业利用云计算可提高收益，企业的现金流可从固定支出转变成可变支出，也可从资本性支出转变成运营性支出（Ross，2022）。

3. 该做什么？

以 AIGC（生成式人工智能）为代表的新兴技术现在已经成为云供应商的服务内容。例如，亚马逊提供增强现实、虚拟现实、物联网、区块链、机器人和机器学习等技术服务。IBM 提供人工智能、物联网、区块链等技术服务。谷歌提供人工智能和物联网等技术服务。微软提供人工智能、机器学习、区块链、物联网等技术服务。它们几乎提供相同的技术服务。这些技术服务是运营和战略差异化的核心竞争力。

随着云计算的发展，你必须关注另一种趋势：市场集中性。撰写本书时，三家云供应商——亚马逊网络服务（Amazon Web Services）、微软（Microsoft）和谷歌（Google）拥有超过 50% 的云基础设施市场份额。这体现了市场集中性，这种市场集中性表明了有必要尽早地从越来越少的云供应商中选择一个，以优化产品和服务。

云计算管理属于企业内部核心能力，因此不要雇用外部顾问来管理云计算，以便企业能自己掌控技术资产。企业需要确定内部的和外部的云计算需求，如 PaaS、IaaS、SaaS，以及其他的服务形式，尤其需要专注于需求、迁移计划和容器技术（DeMuro，2019），以便更容易地将数据和应用程序从一个云供应商迁移到另一个云供应商。容器是基本要求，但真正的挑战包括如何决定云供应商，需要多少云供应商，需要什么样的 IaaS、SaaS、PaaS，以及需要什么样的混合云计算和私有云计算服务。这里建议选择尽可能少的云供应商和尽可能少的混合云计算服务，并且只有在绝对必要的情况下才进行私有云计算部署。另外，企业还需要专注于云原生应用程序和服务，需要构建能够充分利用云计算的分布式计算能力并在云计算中灵活扩展应用程序。

毫无疑问，云计算是应用程序的未来——使用低代码平台构建（Raju，2021）。企业必须了解各种云计算解决方案、容器技术、云供应商的新兴技术能力、云计算管理和云计算性能指标等。

【指南】

如果企业没有云供应商，就没有业务。这种依赖是前所未有的。

企业的内部业务流程、产品和服务托管在云中，企业需要控制云决策权。云计算管理是企业的核心能力，需要采取以下具体步骤来实现云计算的有效性：

- 开展持续的云计算需求分析，将 IaaS、PaaS、SaaS 和其他作为企业的服务能力。
- 投资容器技术。
- 尽量选择更少的云供应商。
- 部署以 AIGC 为代表的新兴技术。
- 将开发转向基于云计算的低代码平台的云原生应用程序。

- 跟踪云计算技术趋势，特别是可能限制选择范围的整合趋势。
- 建立一流的内部云计算管理团队。

2.2.8 网络安全网格

网络攻击将会持续增加，SolarWinds 的灾难只是个开始（Jibilian et al., 2021）。

1. 它是什么？

Gartner Group（高德纳咨询公司）对网络安全网格的定义（Gartner, 2022a）：网络安全网格是一种灵活的、可以组合的架构，将广泛分布的安全服务整合在一起。网络安全网格可以使很多不同的安全解决方案协同工作，同时将控制点移至它们旨在保护的资产附近，从而提高整体安全性。它可以在云和非云环境中快速可靠地验证身份、背景和政策的合规性。从工作角度对网络安全网格的定义：

网络安全网格是一个多层次的连接网络，可以为每个具有自己安全防御功能的设备提供安全保护。与更传统的网络安全方法相比，网络安全网格结构比一对一的安全更有效，特别是在云计算基础架构和应用程序中。

2. 为什么要关注它？

网络安全网格既具有运营性，又具有战略性。如果企业的运营基础架构脆弱，则无法实施差异化的战略。

3. 该做什么？

参见第 5 章。

2.3 应用技术

2.3.1 社交媒体分析

1. 它是什么？

社交媒体分析包括跟踪对话、衡量营销活动，以及社交活动如何影响业务结果。社交媒体分析侧重于与社交媒体渠道相关的运营指标，如重点关注转化率、粉丝数量和印象数（QualtricsXM，2022）。

2. 为什么要关注它？

对于企业品牌战略来说，社交媒体分析（包括评论监控或数字客户关怀数据等附加功能）可给出企业的投资回报率、客户的需求和偏好，从而帮助企业构建有效的品牌战略并做出更具战略性的业务决策。

3. 该做什么？

基于人工智能和机器学习的社交媒体分析方法、工具和平台一直在不断发展，还需要跟踪增强分析。增强分析将传统分析与人工智能和机器学习结合起来，其中机器学习通过训练好的算法来加快数据选择和准备过程中的关键分析步骤。

社交媒体分析是使分析变得智能化。那么应该怎么做呢？这包括两个步骤。第一步是试点社交媒体分析平台，比如 Sprout、HubSpot 和 Google Analytics（Barnhart，2021）。第二步是试点增强分析，就像 IBM 和 Microsoft Power BI 所能提供的那样。

2.3.2 可穿戴设备

1. 它是什么？

可穿戴设备是通过直接接触或间接接触（如嵌入衣服或橄榄球头盔的传感器）人的身体，实时收集和分析数据的设备。这些设备使用传感器收集数据，使用算法来分析数据。可穿戴设备和物联网关系紧密，它们一起协作收集和分析各种数据。医疗保健行业已广泛采用可穿戴设备，如通过远程监控设备（如智能手表、起搏器、健身跟踪器、GPS 跟踪器等）检查患者的健康状况。

2. 为什么要关注它？

可穿戴设备应用于许多行业，特别是医疗保健、健身和娱乐行业，以及所有使用蓝牙、WiFi、GPS 收集和传输数据的行业。这些行业的企业要使用可穿戴技术来改进业务流程、产品和服务。

3. 该做什么？

可穿戴设备市场正在不断发展，可穿戴设备在服装、视觉、娱乐、医疗、教育、培训、供应链、物流、运动、汽车、鞋、建筑或跟听力相关的领域具有巨大的潜力。未来 3~5 年，相关企业要广泛地挖掘与可穿戴设备相关的业务流程、产品和服务，试点硬件、软件或网络应用程序。

可穿戴设备收集的数据与销售的可穿戴产品或服务一样具有价值，在某些情况下甚至更有价值。可穿戴设备数据的货币化可以成为企业重要的收入来源。

2.3.3　增强现实和虚拟现实

1. 它们是什么？

增强现实和虚拟现实技术正在不断发展，越来越多的技术巨头公司跟进了这一趋势。例如，苹果公司已经加入了头戴式设备比赛（Seeking Alpha，2021）。微软在增强现实和虚拟现实与美国军方开展了紧密合作（Sag，2021）。游戏行业也全面应用增强现实和虚拟现实（财富商业洞察，2021）。没有增强现实和虚拟现实就没有元宇宙（Levy，2021）。

增强现实在真实世界环境中提供互动体验。AR 具有三个特征：真实世界和虚拟环境的融合、实时交互、虚拟和真实事物的三维的精准映射。AR 改变了人们对现实世界的看法，而虚拟现实则完全用数字世界取代了现实世界。

虚拟现实是一种模拟体验，这种体验可以与现实世界相同或完全不同。VR 的用途包括娱乐（特别是游戏）、教育（例如医疗或军事训练）和商业（远程视频会议）。目前，标准 VR 使用头戴式设备或多投影环境来实现逼真的图像等，以复制用户在虚拟现实环境中的实体存在。

2. 为什么要关注它们？

与前面讨论的许多技术一样，AR 和 VR 技术具有巨大的潜力，相关企业应该专注于业务流程、建模和挖掘，也可进行 AR 和 VR 的试点项目。

3. 该做什么？

教育、旅游、娱乐、游戏和医疗等行业的企业可试点 AR 和 VR 技术应用程序，并围绕由 AR 和 VR 技术启用的产品和服务建立财务模型。另外，也需要跟踪竞争对手在 AR 和 VR 领域的布局。最后，尽可能密切地跟踪硬件发行商，就像跟踪软件发行商一样。比如，苹果公司进入了头戴式设备市场，它正在改变 AR／VR 的市场竞争格局，因此需要密切关注此类情形。

2.3.4 机器人

1. 它是什么？

机器人是指可完成传统上由人完成的任务的机器。机器人在汽车制造业中用于执行简单、重复性的任务，以及在环境对人有害的行业中使用。机器人技术的许多方面都涉及人工智能（AI）；机器人可以具有等同于人的视觉、触觉和识别温度的能力（Britannica，2022）。

2. 为什么要关注它？

在制造业的大规模生产方面，机器人比人更有效率。如果制造企业忽视对机器人的使用，生产效率将比竞争对手低，就会失去相应的市场份额。

3. 该做什么？

企业要基于现有的产品和服务，寻找使用机器人技术的机会，实现由机器人技术驱动的下一代产品和服务。

2.3.5 物联网和万物互联

1. 它们是什么？

物联网和万物互联是宏观趋势，能够促进并融合其他技术趋势。万物互联代表最高级别的连接性分析，数据被收集到跨越特定商业模式的各个业务流程中。万物互联使物联网成为可能，物联网是万物互联的一个子集。万物互联就像一个具有特定队伍的体育联赛，联赛会举办赛事（物联网游戏）。物联网和万物互联都是通过无线网络收集和分析数据、信息和知识的。物联网可以实现各种分析活动，其中一些活动是由机器智能实现的，在数据的收集和分析方面是部分或完全自动化的。另外，物联网可以与可穿戴设备无缝连接。连接是核心，同时也包括利用连接赋能的业务流程。

2. 为什么要关注它们？

相互连接的东西无处不在，它们就是要关注物联网和万物互联的原因。

3. 该做什么？

要评估业务流程、产品和服务。机会在哪里？成本是多少？有安全风险吗？竞争对手在物联网和物联系统方面正在做什么？在适当情况下，尝试制作原型。

2.3.6 人工智能和机器学习

1. 它们是什么？

人工智能（AI）和机器学习（ML）是过去几十年来最令人兴奋和最重要的技术。AI 和 ML 在商业模式和业务流程的应用是无限的。AI 和 ML 用于业务流程和任务的自动化、智能决策、预测分析、个性化和会话接口等。AI 技术包括自然语言处理、计算机视觉、图像识别和机器人技术等。AI 和 ML 广泛用于解决可建模的问题。例如，可以很容易地对某人应该获得贷款的流程或某人是否能被大学录取进行建模。自然语言的理解和生成包括理解书面和口头语言，以创建可解决问题的对话。例如，客户服务交互。计算机视觉和图像识别技术让自动驾驶变得更加强大。

2. 为什么要关注它们？

人工智能和机器学习可以真正地改变企业的业务流程，甚至可能改变企业的商业模式。风险投资界相信这一点，企业投资者也知道这一点，创业者正在向这个领域汇集。人工智能和机器学习可以为企业节省大量资金。你别无选择，只能非常关注人工智能和机器学习。

3. 该做什么？

使用 AI 和 ML 开发合适的应用程序，选择最佳平台和合作伙伴，甚至可以创建一个技术中心。

2.3.7 3D 建模和增材制造

1. 它们是什么？

3D 建模指的是使用专业软件创建物体的三维形式，可以表示物体的尺寸、形状和纹理。

对增材制造的理解如下（GE，2022）：增材制造（AM），又称 3D 打印，是一种革命性的工业生产方法，可以创建更轻、性能更好、功能更强的零件和系统。增材制造使用计算机辅助设计（CAD）软件或 3D 对象扫描仪来指导硬件精确地沉积材料，再一层一层地形成几何形状。增材制造通过增加材料来创造一个对象。在合适的应用中，增材制造可以实现性能提升、复杂几何和简化制造的完美结合。

2. 为什么要关注它们？

保时捷正在使用增材制造技术进行活塞原型设计（Aysha，2020）。增材制造技术也用于建造房屋和桥梁。CMTC（2021）报告：到2028年，预计全球增材制造市场规模将达到306亿美元。另一项报告预计，该市场将以每年14.4%的速度高速增长，到2027年，制造业的总市场份额将达到33%。

3. 该做什么？

企业要仔细分析产品：它们在哪里生产？它们的组件是什么？有没有可行的增材制造试验？

2.3.8 全局体验

1. 它是什么？

全局体验的理念基于一个观点，即没有任何体验是孤立存在的。员工体验影响用户体验，用户体验也会影响员工体验。员工体验和用户体验相互关联、相互依存，然而由于它们是从业务领域演变而来的，因此很少被作为一个整体。大多数情况下，企业会有专门处理特定体验（如客户体验、用户体验等）的团队和软件解决方案，而这些团队和解决方案是相互独立的（Morrow，2021）。

下面稍微扩展一下（Humanperf 博客，2021）：

全局体验（TX）不仅包括用户体验（UX）、员工体验（EX）和运营体验（OX），还包括合作伙伴体验（PX）、供应商体验（SX）等。

全局体验（TX）是用户体验（UX）、员工体验（EX）、运营体验（OX）以及可以整体融入"体验"的任何其他"体验"的结合。

2. 为什么要关注它？

在全数字化的世界中，很多竞争将发生在"体验"领域。如果企业专注于全数字化的世界，就必须关注数字体验，更要关注全局体验（TX）。

3. 该做什么？

制定 TX 策略，找到提供 TX 平台的供应商。虽然这些供应商有许多仍在销售旧的体验，但它们也在尽可能快地转向 TX。企业需要建立团队来做出决策，并需要强大的合作伙伴，以了解从 CX、EX 迁移到 TX 的路径。企业还需要倾听用户在访问、交易处理和问题解决方面的意见。

2.3.9　元宇宙

1. 它是什么？

了解元宇宙，可从 2003 年创立的 Second Life（第二人生）开始（维基百科，2022）。

Second Life 是一个多媒体网络平台，人们可以在虚拟世界中创建个人化身，拥有第二人生。Second Life 类似于多人在线的角色扮演游戏。

Second Life 用户（或"居民"）创建虚拟的自我替代版本（个人化身），并与事物和其他化身互动。个人化身可以与其他"居民"交往，参加个人和团体活动、去购物、参与虚拟财产的交易。

元宇宙就像 Second Life 一样，是一个数字世界，其中发生着各种各样的活动。你可以在元宇宙中举办会议、购物、娱乐，甚至可以在虚拟房地产中居住，也许就在 Snoop Dogg 的隔壁（Melnick，2021）。

下面是对元宇宙的另一种描述（Welsh，2022）：

VR 界面、数字所有权和个人化身是元宇宙的三要素。但是，它们并不是元宇宙的必要元素。从广义上讲，元宇宙被理解为一个图形丰富的虚拟空间，具有一定程度的真实性，在那里人们可以工作、玩耍、购物、交际。总之，人们可以在元宇宙中做现实生活中喜欢做的事情。元宇宙的支持者通常把"存在"这个概念作为界定因素：感觉你真的在那里，感觉其他人也真的在那里，并和你在一起。

2. 为什么要关注它？

这是一个复杂的问题，因为新的交互式数字世界将产生短期和长期的影响。短期影响是指企业启用元宇宙的基础设施的一部分，或出售数字产品和服务。长期影响是指企业有很多收入来源。

3. 该做什么？

确定企业在元宇宙生态系统中的位置，或者想要处在什么位置。比如说，英伟达（NVIDIA）、Unity和 Roblox 等公司都在元宇宙生态系统中有明确的角色。如果企业的业务涉及沉浸式硬件（例如头戴式设备）、三维硬件和软件、交互性、连接性、半导体，尤其是网络安全，那么企业就是参与方。如果企业是一个全方位的解决方案提供商，就需要与元宇宙基础设施提供商合作。但是，如果你的产品和服务与元宇宙毫无关系，那就有更多的机会拓展这个方向。随着数字技术的进步，元宇宙的概念最终一定会以某种形式实现。在这段时间，企业需要持续学习，在这个宏大叙事逻辑中找到自己产品和服务的位置。例如，有许多企业尚未将元宇宙视为收入来源，但至少应该开始探索其可能性。Wealth Quint Team（2022）列出了一些可能性，比如虚拟活动、沉浸式学习、沉浸式购物、游戏、广告、教育和虚拟旅行等。

2.3.10　流程 / 技术匹配和原型设计

企业必须全面地跟踪图 2-1 的清单，甚至更多。企业需要建立内部专业团队来识别和跟踪最有可能影响企业发展的技术。图 2-1 的这份清单一直在变，大多数情况下是增加的，很少减少。企业不应外包这项工作。

业务流程和子流程的清单也可能非常长。如果没有技术和业务流程的清单，匹配（以及随后的原型设计）是不可能的，必须对这两份清单进行不断的开发和审查。

企业还需要一些关于技术评估过程的行为准则，旨在评估技术对当前和未来的商业模式和业务流程的影响，并回答两个简单的问题："这项技术能帮助企业赚钱、节省成本，或者两者兼具？"以及"它将改进、自动化或重构哪些业务流程？"

记住，技术评估是一个正式的、需要资金支持的过程。评估过程还应该包括竞争分析，以了解竞争对手如何评估和投资新兴数字技术。

图 2-2 描述了利用图 2-1 清单的两个步骤。第一步是技术赋能，思考利用技术的方式，寻找机会，利用新兴技术改进、自动化甚至重构现有的业务流程、产品和服务。第二步是技术启发，寻找利用新兴技术来挖掘和创新业务流程、产品和服务的机会。第一步更多的是增量变化，第二步是颠覆性的。

战略杠杆的作用是找到那些成本最高、周期最长、受技术影响最大（或者至少是改变）的业务流程，然后将有潜在影响力的技术与业务流程、商业模式甚至企业战略相匹配。

原型设计应该是标准的，就像大家期望使用的商业案例模板一样。原型设计有六个步骤，如图 2-3 所示。

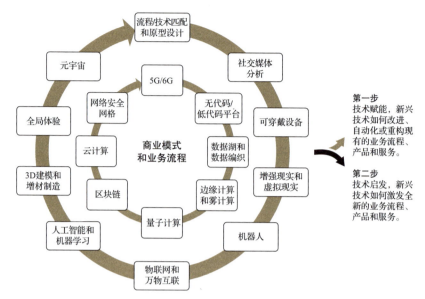

图 2-2 数字技术清单应用的两个步骤

图 2-3 从构思到商业化的原型设计步骤

- 构思，探索各种新的创意和想法。
- 定义产品或服务，识别有价值的产品和服务。
- 原型制作，通过原型演示向投资委员会展示。
- 设计，原型成功后进行详细的产品和服务设计并制定度量指标。
- 测试，尽快将产品和服务进行测试，确保其符合最初的构思和定义。
- 商业化，将最小可行产品（MVP）推向市场。

匹配和原型设计可以帮助企业成功，也是企业实施的首选策略，它来自对业务流程的深刻理解以及对现有和新兴数字技术的广泛理解。企业的团队不仅要了解业务，更要了解技术，以识别最具潜在影响力的业务流程来和技术匹配。将匹配过程外包给顾问是错误的。企业要建立能够将业务流程和技术匹配的团队，就像锻炼身体以保持健康一样，上述流程是完全可行的。企业对业务流程建模、跟踪技术、匹配流程/技术，并且进行原型设计，就会取得成功。

【指南】

跟踪新兴数字技术是企业内部的核心竞争力。

跟踪的本质是对技术的应用需求，比如，这项技术是否能使业务运行得更快、更安全和更易于体验？它是否使应用程序更易访问和可调整？它是否能够相对轻松地自动化更多的流程？云供应商是否支持这些技术？它们是否更经济且易于部署？它们是否能够扩展？这些问题揭示了它们的功能和可能的成本效益。高管、经理和董事等这些管理者应该提出的问题是它是什么、为什么要关注它和该做什么。

将现状和未来流程与新兴技术相匹配，这是一个高强度的思考活动。原型设计需遵循匹配原则，阶段性推进可以不断评估原型的效果。

03 | 第 3 章

The Digital
PlayBook

正确看待数字化转型

阅读心得

本章要点

- 数字化转型的类型有很多种，根据企业自身情况进行选择。
- 消除数字化转型的"谬论"。
- 满足数字化转型成功的要求。
- 采取可落地的策略来实施数字化转型。
- 数字化转型有软性方面，不能忽视。

3.1　什么是数字化转型

数字化转型并不都是颠覆性转型，通常是渐进式转型或现代化转型。渐进式转型或现代化转型更安全，成本更低。颠覆性转型比渐进式转型和现代化转型更具风险性，成本更高。

根据 Salesforce.com（2022）的报告，数字化转型是使用数字技术修改现有的或创建新的业务流程、企业文化和用户体验，以满足不断变化的业务和市场需求的过程。在数字化时代对业务的重塑就是数字化转型。

The Enterprisers Project 提供了另一个定义（The Enterprisers Project，2016）：数字化转型是将数字技术应用到企业的各个部门，从根本上改变企业经营方式和为客户提供价值的过程。

SAS（2022）这样描述：数字化转型指的是使用数字技术来彻底改变企业的运营模式和客户服务方式

的过程与策略。

ZDNet这样描述（Samuels，2021年）：数字化转型是指利用数字技术重构业务流程，以提高效率和收效。这不是简单地利用技术将现有服务数字化，而是利用技术将服务变为更好的服务。数字化转型涉及许多技术，目前最热门的是云计算、物联网、大数据和人工智能。

我们可以认为，数字化转型包括一系列活动，从升级现有系统、替换旧系统、开发应用程序来修改现有流程，到完全重构新的业务流程，甚至整个商业模式，即颠覆性转型。数字化转型越具有颠覆性，失败的风险就越大。

综上所述，大多数数字化转型是一个包含渐进式转型、现代化转型和颠覆性转型的复杂过程，其中，现代化转型是过渡阶段，如图3-1所示。

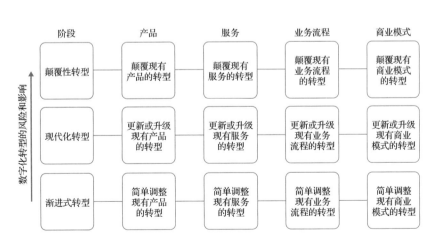

图 3-1　数字化转型的三个阶段

图 3-1 表明，渐进式转型和现代化转型比颠覆业务流程和商业模式的颠覆性转型更安全。但是，渐进式转型对企业战略使命的影响有限。显而易见的权衡是：要么继续采用更安全、更简单的转型，要么尝试通过颠覆性数字化转型来颠覆业务流程和整个商业模式。如图 3-1 所示，转型跨度越大，影响越大。因此，虽然渐进式转型的影响相对较小，但风险也相对较小。

渐进式转型和现代化转型之间的差异很小，实际上与日常业务没有太大区别。渐进式/现代化转型能够让公司保持竞争力吗？它能够实现盈利增长吗？它能够适应日益激烈的市场竞争吗？我想大家知道这些问题的答案。

3.2 消除数字化转型的认知误区

数字化转型存在五个认知误区（Andriole，2017）。

- 误区 1：企业可以跳过数字化转型。
  每家企业都需要随着市场变化和技术发展以某种方式改变其经营方式、优化业务流程和革新老旧的系统。拒绝改变的企业会逐渐处于竞争劣势，最终失败。因此，每家企业都不能跳过数字化转型，都需要进行数字化转型。拒绝任何变革的企业终将被淘汰。
- 误区 2：数字化转型必须利用新兴技术或颠覆性技术。

处于渐进式转型和现代化转型阶段的企业通常使用传统的、现有的数字技术，通常不需要采用新兴技术来实现渐进式转型或现代化转型，因此这个说法仍然有效。渐进式转型和现代化转型可以坚持使用久经考验的技术（直到它们不再适用为止）。但颠覆性转型则总是利用新兴技术或颠覆性技术。技术的作用是显而易见的。

- 误区3：盈利企业最有可能发起数字化转型。

  市场领先者通常是最具创新性的假设通常是错误的（Christensen，1997），且做得好的企业通常认为自己做得好是重复的业务流程和卓越的商业模式的结果。这些企业总是相信应该维持现有的盈利路径，从而造成了路径依赖。

- 误区4：在其他人进入前颠覆自己的行业。

  市场领先者通常不会察觉到颠覆性竞争，特别是来自新进入者的竞争。因此，市场领先者并不担心自身的脆弱性。相反，他们觉得自己强大而有力，甚至无惧于对整个行业产生冲击的颠覆者，比如Airbnb（酒店业）、Uber和Lyft（交通运输业）、亚马逊（零售业）、SelectQuote（保险业）和Netflix（娱乐业）等这些重塑了广泛的垂直行业的颠覆者。

- 误区5：企业高管渴望数字化转型。

  除非企业受到营收下降和严峻竞争的威胁，否则企业高管不会感到担忧。但这并不妨碍他们滔滔不绝地谈论数字化转型（Andriole，2017）。高管谈论的数字化转型内容与他们实际行动的差距越来越大。我们很希望高管出于企业长期健康发展的目的进行数字化转型,但他们的动机通常更加复杂。

3.3　数字化转型的前提条件

第一,除了避免上述误区,进行数字化转型时必须评估转型的环境。例如,一些垂直行业(如金融服务和医疗保健)比其他行业(如会计)更可能进行数字化转型。既得利益(如通过智能系统减少欺诈行为以节省费用)是强大的推动力。因此,对数字化转型应持开放态度,并愿意为提高商业价值而转型。企业还应通过在企业各个层面上说明转型的商业价值,包括为主要参与者提供的适当激励,从而使数字化转型深入业务部门(在这些部门可能会遇到阻力)。

第二,数据必须充足且优质。企业不仅要有客户、生产、制造、分销、竞争对手和业务流程的结构化和非结构化数据(放置在数据湖中),而且这些数据还必须是清晰、一致、可访问的高质量数据。基于大数据分析和人工智能的数字化转型尤其依赖高质量的数据。

第三,除了高质量数据和正确的方法,数字化转型还需要企业在内部(智慧)和外部(实力)展现出更多的能力。无论企业对数字化转型多么热衷,也不可能掌握实现目标所需的所有技能。确定从何处开始转型是数字化转型的智慧体现,也是数字化领导力的核心能力。

第四,颠覆性转型通常由新兴数字技术驱动,甚至在许多情况下依赖于这些技术。跟踪新兴数字技术需要专业人才和资源,而且新兴数字技术与"工作的未来""第四次工业革命"等宏观趋势相关联。

第五,对于行业、企业和企业高管进行客观评估是实现数字化转型的必要条件。颠覆性数字化转型必然是那些对旨在改变现有业务流程甚至对整个商业模式持怀疑态度的企业高管和企业文化的挑战。忽视数据、缺少人才、缺乏高管支持和非数字化的企业文化都会导致数字化转型失败。致力于颠覆性转型的企业无法回避这些挑战。

近年来,企业将数字化转型简单地看作是数字技术的应用,所以期望很低。虽然大多数的数字化转型仍然不具有颠覆性,但现在的目标是改进、自动化或替代耗费时间或劳动密集的旧流程,并创建能够提高效率的新流程。

企业争相采用 ERP 系统来标准化业务流程(包括来自 ERP 供应商的强大而几乎无处不在的应用程序),也就是企业集成化、标准化地将内、外部业务流程进行整合,以降低成本。Kim O'Shaughnessy(2016)更好地陈述了这一点:ERP 系统由那些寻求在集成化、标准化系统中管理业务功能的企业使用。ERP 通常在供应链内使用,以帮助跟踪制造和分销过程中的业务流程。ERP 系统广泛用医疗保健、建筑和酒店等行业。ERP 系统在管理员工、客户和库存方面具有优势。ERP 将所有企业数据存储在所有部门都能使用的数据库,并对客户管理、人力资源、商业智能、财务管理、库存和供应链进行了整合。

如今,在数字化转型中,企业应用程序供应商(如 SAP)和 ERP 供应商的推动者(如 UiPath)都在大力投资自动化。理想情况下,企业应用程序的用户所做的大部分工作将被 RPA 和其他智能机器人所取代。例如,对 UI(用户界面)和 UX(用户体验)的过度关注最终将完全消失。

未来十年,有多少企业将部署新的(或迁移现有的)ERP 系统?肯定没有十年前那么多。它们将会:

- 识别业务问题并对其进行建模。
- 映射和优化业务流程(Davenport 和 Spanyi,2019)。
- 识别、收集、验证和利用结构化数据和非结构化数据以匹配业务流程。
- 将问题、业务流程、数据与机器学习算法进行匹配。
- 将上述匹配尽可能地扩展到更多的业务流程。

实际上,许多内部和外部的业务流程都可以实现自动化,但自动化不能仅限于战术目标。当将算法应用范围从监督学习扩展到无监督学习时,我们就可以实现从战术到战略层面的自动化。所有这些最终都会部署在云端,并在云端进行自动化。请注意,主要的云服务提供商（AWS，Azure，Google 和 IBM）已经提供了各种机器人流程自动化（RPA）服务。

3.4 数字化转型的六个步骤

企业可采取以下六个步骤来增加数字化转型成功的机会。

第一，使用业务流程建模（BPM）等工具来描述业务，以实现创造性和实证性的模拟。如果无法对现有业务流程和商业模式进行建模，就无法进行任何转型。相反，如果业务流程数据库足够丰富，企业几乎可以对任何事物进行转型。

第二，通过挖掘现有业务流程与模型的成本数据和收益数据，并进行替代改进的"假设性"模拟，确定商业模式和业务流程中的锚点。另外，还应该观察竞争对手和同行的做法。如果模拟结果无法实现可衡量的转型效果，则应停止测试。

第三，优先考虑数字化转型的目的和收益。转型目标是节省成本、增加市场份额、提高盈利能力、留住员工，进而改进、自动化或重构业务流程。另外，还需要根据预算、时间、人才和市场限制来检验预先设定的目标，然后使用内部顾问来筛选转型的替代方案。最后，从选项列表中，确定并整合由外部力量主导的特定数字化转型。

第四，确定能够实现优先转型的运营、战略和新兴技术的范围。模拟推演当前和预期的技术能力与优先转型的匹配关系。选定一套转型的运营、战略和新兴技术的实施路径。

第五，寻找具有胆识的管理者。如果已经完成了前四个步骤，这个步骤要寻求管理者的支持和财务支持。如果没有管理者的支持和充足的预算，转型就不会成功。管理者对转型的投资回报率是有要求的，如果达不到要求，转型可能被取消。如果目标达成或投资回报率超预期，就应该加快转型。

第六，建立配套的企业组织结构和转型文化。数字化转型是企业在数字化时代的整体升级，是企业在新的环境和竞争格局下利用数字技术和数据要素进行体系化变革的复杂工程。企业要建立配套的组织结构和转型文化，才能够让新举措和新兴技术生根发芽。

3.5　数字化转型的软性保障

企业管理者的明确且持续的支持是决定数字化转成败的重要因素。与此同时，在管理者同意支持重大转型举措之前，他们通常要看到的是数字化转型的商业案例。因此，在数字化转型的整个过程中，我们必须始终如一地积极寻求领导的支持。

在数字化转型中，企业文化的重要性是不可低估的。如果数字化转型的目标或业务流程与企业文化存在冲突，就会出现问题，正如德勤（2022）所描述的那样：如果不能妥善管理，未能将努力与员工的价值观和行为对齐，可能会给组织文化带来额外的风险。

如果数字化转型的重点是机器人流程自动化，那么在这种情况下会有岗位被淘汰（基于盈利的考虑），这将引起一系列的反应。其中较好的方式是通过焦点小组访谈、全员会议、私人面谈、内部社交媒体讨论板和调查来评估一系列数字化转型结果与文化之间的关系。

另一种方式是将激励措施与结果进行对比，预测可能会出现的问题。在文化准备评估过程中，坦率是至关重要的。企业应该理解，尽管可能不情愿，但某些职位可能会被淘汰，某些职位可能会被重新定义，某些职位可能会被降级。如果数字化转型的目标是适度的，那么文化准备应该是足够的。但如果数字化转型目标是颠覆性的（或许是作为对市场冲击的回应），那么预计会出现对转型工作的目的和结果构成重大挑战的问题。

数字化转型的硬性方面是最容易接受的，硬件、软件、技术、业务流程模型和成本效益模型都很容易理解。而难以接受的软性方面指的是领导力、热情、企业文化、员工态度、不满情绪、激励和惩罚等，这些方面决定了数字化转型的成败。许多高管、项目经理和顾问过于重视硬性方面，而这些方面在很大程度上是可控的。

阅读心得

【指南】

大多数数字化转型都不是颠覆性的。它不会颠覆业务流程或整个商业模式。

颠覆性数字化转型的前景远非渐进式数字化转型或现代化数字化转型可比。

数字化转型要求：

- 数据必须丰富且优质。基于大数据分析和人工智能的数字化转型尤其依赖高质量的数据。

- 数字化转型需要建立与企业匹配的内部智慧，实现组织升级。数字化转型所需的劳动力可以在外部任何地方找到。

- 颠覆性数字化转型是通过新兴数字技术来实现的，并且在许多情况下依赖这些技术的发展。

数字化转型步骤：

- 第一，利用像业务流程建模（BPM）这样的工具来对业务进行描述，以实现创造性、经验性的模拟推演。

- 第二，确定商业模式和业务流程中的杠杆作用。

- 第三，确定优先考虑的数字化转型选项。

- 第四，确定可用的、可操作的、具有战略意义的新兴技术的范围，以促成优先考虑的数字化转型的实现。

- 第五，寻找具有胆识的管理者。
- 第六，建立配套的组织结构和转型文化，尤其不要忘记软性方面。

阅读心得

04 第4章

The Digital
PlayBook

优先关注
人工智能和机器学习

本章要点

- 人工智能（AI）和机器学习（ML）将改变企业的业务。它的影响范围广泛而深远。
- AI 和 ML 是必须了解的技术——改变游戏规则的技术。
- 实现自动化的 10 个步骤。

4.1 人工智能已经成为竞赛场

人工智能和机器学习，仅仅这两个热词就能够引发各种各样的强烈渴望。

AI 和 ML 对商业模式和业务流程的应用是无穷无尽的。AI 和 ML 可用于业务流程和任务的自动化、智能决策、预测分析、个性化以及对话等多个领域。AI 技术包括机器学习、自然语言处理、算法、计算机视觉、图像识别和机器人等。AI 和 ML 可以真正改变企业的业务流程，甚至可能改变企业的整个商业模式。

Van Duin 和 Bakhshi（2017）在图 4-1 中展示了人工智能和机器学习的涵盖的内容。

- 机器学习是我们通过向机器展示任务的执行方式来教会机器执行任务。例如，我们对批准或拒绝银行贷款的任务进行建模和定义，其中还包括查看个人的信用评分。然后机器执行算法进行贷款批准（或拒绝贷款），这个过程不再需要人参与。
- 深度学习通过使用神经网络（仿照人脑模型）等工具在大量数据集中寻找结构来"学习"，这些工具利用旨在识别、分类和预测结果的计算层处理数据。神经网络模拟人脑处理信息的方式。卷积神经网络是神经网络的主要类型之一。
- 人工智能算法是解决问题的规则、程序或指令，可解决特定分类和推理问题。常见的人工智能算法如图 4-2 所示。

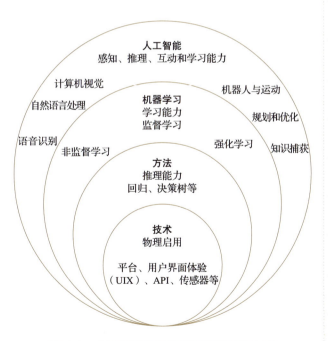

图 4-1　人工智能和机器学习的涵盖的内容

图 4-2 常见的人工智能算法

- 自然语言处理包括自然语言理解和自然语言生成。Alexa、Siri 以及其他个人助理都是简单对话界面的例子。
- 计算机视觉使传感器能够"看到"图像，然后进行"识别"。例如，在自动驾驶汽车中，传感器能够实时地将人、停车灯和婴儿车的特征与它所知道的有关人、停车灯和婴儿车的特征匹配，从而"识别"它们。

要理解人工智能和机器学习，就必须理解有监督学习和无监督学习之间的区别。有监督学习是解决可以建模和可以进行训练的问题的技术。例如，如果你想决定谁可以获得贷款，谁不可以获得贷款，你可以使用一些标准来决定申请者是否可以贷款（或不可以贷款），如信用历史、收入和净资产。这些标准可以用来训练一个关于贷款合理性的智能系统。具有相同特征的其他问题（例大学录取）也可以用同样的方式解决。

有监督学习的描述（IBM，2020）：监督学习使用训练数据集来使模型产生期望的输出。这个训练数据集（包括输入和正确的输出）使数据模型可以随着时间的推移进行学习。

- 分类使用算法将测试数据准确地分配到特定的类别中。它能够识别数据集中的特定实体，并试图得出一些关于这些实体应如何被标记或定义的结论。
- 回归用于理解因变量和自变量之间的关系，它通常用于预测。

无监督学习的描述（IBM，2020）：无监督学习使用机器学习算法分析和聚类未标记的数据集。这些算法在不需要人干预的情况下能够发现隐藏的模式或数据分组，并具有发现信息的相似性和差异性的能力，从而给出探索性数据分析、交叉销售策略、客户分段和图像识别的解决方案。

智能系统使用各种算法来解决各种问题，将算法视为"公式"。这些算法驱动着围绕流程定义的应用程序，如贷款批准、大学录取、晋升等。无论你想改进或自动化的是什么，有数百种算法可供选择。你不需要了解它们所有的细节，因为它们是你的劳动力。在这里，企业的管理者需要理解人工智能和机器学习的能力和局限性，以及它们最适合的应用领域。

4.2 应用目标

人工智能和机器学习广泛用于垂直行业的企业的业务和技术架构、数据库和应用程序，这些企业的商业模型和业务流程都是它们的目标（也称为"用例"）。人工智能和机器学习深刻影响着医疗保健、交通、会计、金融、制造业、客户服务、航空、教育、销售、市场营销、法律、娱乐、媒体、安全、农业等领域。

需要注意的是，智能机器人可能会放大个人和专业上的成见或偏见，从而意图操纵人的思维和行为。与此同时，良好的机器人将使我们的个人和职业生涯更加高效和富有成效，让我们有更多的空闲时间去从事其他活动。人工智能会淘汰工作岗位吗？当然会，这一次淘汰的工作岗位将包括知识工作者以及我们传统上与自动化和机器人相关的制造业工作岗位，例如，汽车行业利用机器人技术制造无人驾驶汽车。

同样，人工智能也会在监测、诊断和治疗等方面对医疗保健行业产生影响。例如，利用 AI 技术可进行葡萄糖监测和心脏性能的检测。根据诊断和检测数据，医生可以给出治疗方案。

未来 5~7 年，数百万个工作岗位和基于知识的职业将受到影响甚至被替代。

全球已掀起人工智能技术热潮。例如，中国已将人工智能定义为其核心产业之一（Knight，2018）。

对人工智能技术进行布局的企业要基于人工智能和机器学习的潜力以及对所在行业发展的预测，对企业当前和期望的业务流程进行建模，然后开发、测试、模拟和清单化业务流程模型。

在确定所有应用目标之前，让我们先对人工智能和机器学习对工作岗位的影响进行进一步讨论。

人工智能和机器学习对你的工作岗位的影响取决于你的职业、年龄、居住地和教育背景。如果你从事例行任务的工作，甚至是从事我们所认为的知识行业的复杂演绎推理任务的工作，那么，你的工作、职业和专业都存在极大的风险，人工智能和机器人流程自动化（RPA）绝对会威胁到你的工作、职业和专业生涯。

如果我说的不是这样，那将是天真而不负责任的，就像告诉马厩和马车制造商，汽车不会构成威胁，或告诉小型计算机制造商，桌面计算机不会对小型计算机构成威胁一样。

广泛意义上，自动化已经淘汰了数百万个工作岗位，并重新定义了许多行业。虽然在此期间确实创造了新的工作和行业，但转型的痛苦是巨大的，并且在21世纪余下的时间里可能会进一步增加。随着技术不断发展，最终会达到某种生产力奇点。

麦肯锡公司（McKinsey & Company）预测人工智能在未来20年将淘汰7500万个工作岗位（Vlas-telica, 2017）。到2030年，全球劳动力（3%~14%）将有7500万~3750万人需要转换职业。

彭博社（Bloomberg）开发了一个工具，帮助确定你是否可能被自动化取代（Whitehouse et al.,

2017）。根据彭博社的研究（部分基于牛津大学的研究）：未来几十年，美国近一半的工作岗位可能面临风险，低薪职业最易受到影响。

薪酬和福利经理、审计员、会计师、信贷分析师、贷款官员、销售代表、卡车司机、行政服务经理，甚至一些牙科医生等这些职业都处于被替代的高风险之中。

2013年，卡尔·贝纳迪克特·弗雷和迈克尔·奥斯本发表了一份名为《就业的未来：工作有多容易被计算机化？》（Frey et al., 2013）的报告。以下是该报告中提到的有很高被替代风险的职业：

- 数据录入员（99%）。
- 货运代理商（99%）。
- 钟表维修工（99%）。
- 产权审查员、摘要员和搜索员（99%）。
- 电话销售员（99%）。
- 税务准备员（99%）。
- 手工缝纫工（99%）。
- 照相师和照相处理机操作员（99%）。

以下是薪酬很高、被替代风险很高的职业：

- 薪酬和福利经理（96%）。
- 核反应堆操作员（95%）。
- 核技术员（85%）。
- 服务经理（73%）。
- 大气和太空科学家（67%）。

- 电力分配和调度员（64%）。
- 行政法官、裁定人员和听证官（64%）。
- 地球科学家，除了水文地质学家和地理学家（63%）。
- 运输和分销经理（59%）。
- 私人财务顾问（58%）。

那么被替代风险较低的职业：

- 机械师、安装工和修理工（0.30%）。
- 精神健康和药物滥用社会工作者（0.31%）。
- 听力学家（0.33%）。
- 正畸师和假肢师（0.35%）。
- 医疗保健工作者（0.35%）。
- 口腔和颌面外科医生（0.36%）。
- 消防人员（0.36%）。

更近期的分析结果（Saviom，2021）基本上和上述列表一致，这意味着我们在十多年前就知道这一切即将发生。

你的员工中有多少上述的专业人士？

那些重复性的、定义明确的、在自动化术语中被称为"有明确边界"的任务，以及有可获取的定量数据支持的演绎推理型任务，是自动化风险最高，也是最有机会的领域。业务流程建模和挖掘（BPM[2]）可用于确定过程可被自动化的程度。如果在这个过程中发现了大量重复、边界清晰的演绎推理型任务，那么就可以应用机器人流程自动化（RPA）。

机器人能为你节省费用，提高效率吗？如果工作具有上述特征，则可以。剩下的唯一问题是要花多长时间才能获得收益和提高效率。

我们无法确定自动化解决方案在各行业中出现的确切时间表，但可以预测自动化在行业中的受欢迎程度，包括那些辞职率很高的行业，尤其是人力密集型的行业，比如快餐业和农业。

快餐店正在大举投资自动化（Sozzi，2021）：快餐业的主要参与者正在试图通过利用机器人来解决劳动力短缺的问题。

正如 Sozzi 报道的：

- 麦当劳正在测试自动语音点餐，并寻找更好的厨房自动化方式。

- 达美乐与无人驾驶配送公司 Nuro 达成协议。

机器人已经对农业产生了影响。以下是一些例子（Donovan Alexander 在 Interesting Engineering 于 2021 年的报道）：

- Ecorobotix：机器人使用复杂的摄像系统对目标喷洒除草剂。

- Energid Citrus Picking System：每 2~3 秒可摘一个水果。

- Agrobot E-Series：带有 24 个机器臂的机器人不仅可以快速摘收草莓，还可以在农田里识别草莓的成熟度。

以上两个行业及其他行业的机会无处不在。

Honeywell（2021）报告的一项调查结果表明："我们从能通过机器人技术提高生产力，是因为原本需要 2000 名员工的仓库，通过使用机器人等相关技术和仓库执行软件，无论是卸货、拣货，还是履行订单，仅需 200 名员工即可完成。

我们也必须承认在很多领域机器比人类做得更好（Ghosh，2018），如医学扫描、贷款处理和健康诊断等。

- 医疗领域：使用人工智能（AI）开发的技术可以在心脏病发作前至少 5 年识别出高危人群（牛津大学，2019）。这一发现是英国心脏基金会（BHF）资助的研究成果，并刊登在《欧洲心脏杂志》上。

还有很多其他的项目，比如医学成像、诊断、药物发现、放射治疗和基因组学等。我们应该选择和部署那些最有影响力、成本最低的项目。

- 法律领域：20 名受过培训的美国律师被要求发现 5 份标准 NDA 中的法律问题。这项任务同样也由 LawGeex AI 系统完成，这个系统已经开发了 3 年时间，用数以万份的合同进行训练。这项研究由学者、数据科学家、法律专家和机器学习专家参与，并由独立顾问和律师监督。经过广泛的测试，LawGeex AI 系统达到了 94% 的平均准确率，水平超过了 85% 的律师（LawGeex，2017）。

- 金融领域：来自埃尔兰根 – 纽伦堡大学的研究小组开发了用市场的历史数据来模拟实时投资的算法。其中一个模型在 1992—2015 年间的投资回报率达到 73%，远高于与实际市场每年 9% 的投资回报率。

- 运输领域：据《洛杉矶时报》预测（Baral, 2021），未来 10 年，自动驾驶卡车可以取代 170 万名美国卡车司机。

机会无处不在。

4.3 实现自动化的 10 个步骤

图 4-3 所示是实现自动化的 10 个步骤。围绕自动化的商业案例应该直接涉及成本降低和收入增长。如果收效不够明显，这里提出的步骤难以被采取。

自动化使业务流程建模、挖掘和管理具有持续相关性。业务流程源于商业模式，而商业模式源于企业战略。

第1步	第2步	第3步	第4步	第5步
业务流程建模	业务流程挖掘	机器人流程自动化（RPA）	商业模式探索	人工智能算法
识别，描述和记录关键业务流程	识别和优先处理资源消耗最多的业务流程	寻求机器人流程自动化的机会	修改当前的业务模型	识别人工智能算法的范围

"硬件"和"软件"自动化

第6步	第7步	第8步	第9步	第10步
人才评估	合作伙伴	资金配置	高层领导协调	文化适应性评估
评估、培养、招聘和留住自动化人才	识别、培养和评估内部和外部合作伙伴关系	确定自动化项目的资金需求	确定高管对自动化项目的支持	评估企业文化对自动化准备程度的适应性

图 4-3　实现自动化的 10 个步骤

来源：ANDRIOLE S J. Automation is a 10-stepcompetitive necessity[J]. IT Professional, 2022, 24(1): 15-17.

1. 第 1 步：业务流程建模

第 1 步是开发内部和外部的业务流程库。这需要对业务流程进行建模，以描述企业的运作方式。这一步可使企业花费大量资金处理的那些不必要的业务流程得以可视化，或者可以对这些流程进行自动化，从而减少人力支出并提高效率。

2. 第 2 步：业务流程挖掘

第 2 步是识别最昂贵的业务流程和执行时间最长的业务流程。有一些工具可以自动执行此任务（来自 UiPath 和 Celonis 等供应商）。业务流程挖掘工具提供视角帮助用户了解业务流程以及这些流程中的漏洞或缺口，以便掌握这些业务流程的实际执行情况。这一步对自动化业务流程至关重要。

3. 第3步：机器人流程自动化

机器人流程自动化（RPA）可以自动化具有最高成本/影响杠杆的业务流程。RPA可以实现目的明确的业务流程管理，这个过程清晰地展示了哪些业务流程可以被修改、删除或自动化。这是真正实现成本节约的地方，也是产生全新流程的地方。这一步启动了自动化之旅。

4. 第4步：商业模式探索

所有这些业务流程分析会揭示企业整体商业模式的内在问题。如果许多业务流程应该被修改、删除和自动化，并且应该用新的业务流程取代旧的业务流程，那么也许需要替换整个商业模式。业务流程建模、业务流程挖掘和RPA可以自动化颠覆商业模式。

5. 第5步：人工智能算法

人工智能和机器学习通过对数据进行训练并应用算法来实现自动化，以解决狭义的、广义的和深度学习定义的问题。人工智能算法包括分类算法、回归算法和聚类算法。分类算法包括朴素贝叶斯、随机森林、K近邻和决策树等算法。回归算法包括线性逻辑回归、Lasso 回归和多元回归等算法。聚类算法包括模糊 C 均值、K 均值和层次聚类等算法。这些算法体现了可用于自动化业务流程和整个商业模式的算法选项的范围和复杂性。企业高管、经理和决策者应该了解人工智能算法的范围和能力，但不一定需要深入了解它们的工作原理或在智能应用中的实现方式。

6. 第 6 步：人才评估

我们将在第 9 章更仔细地讨论人才问题，但你应该认真审视企业或团队中的人工智能和机器学习人才，评估企业自动化流程和商业模式。考虑到一些技术的新颖性和新兴技术的频繁出现，你可能会发现企业或团队在自动化方面的能力还比较薄弱。如果是这种情况，你应该开始积极招聘人才。

7. 第 7 步：合作伙伴

企业需要与合作伙伴共同努力来实现业务流程自动化，尤其是商业模式的自动化。在企业内部，战略、技术、产品和服务方面的专业人员应参与所有自动化计划。在企业外部，应发展一批有自动化经验的供应商。注意，所有外部关系应是临时的，定期更换供应商以提供更好的服务。不对任何自动化供应商做出长期承诺。

8. 第 8 步：资金配置

自动化不是一个"科学项目"，不会随着时间的推移产生一些有趣的结果。自动化是一种可变成本，应该至少每年调整一次。如果没有资金支持自动化，那么一切都是徒劳的。强烈推荐成立人工智能和机器学习卓越中心，特别是如果你所在的行业有着等待进行自动化的商业模式和业务流程。

9. 第9步：高层领导协调

如果没有企业高层领导对自动化的支持，没有人会认真对待人工智能和机器学习的倡议。支持的方式有多种，包括资金、内部和外部沟通、招聘以及围绕自动化进行创新的可复制流程。即使自动化没有立即产生价值，也需要持续的支持。如果你就是这样的企业高层领导，就要大力支持人工智能和机器学习倡议。

10. 第10步：文化适应性评估

这可能是最具挑战性的一步。它要求你客观地评估企业文化，以确定企业文化与创新，尤其是与专注于自动化的创新的适应性。通常还有一个更大的问题：你说的是要做好数字化，但你做的却是另外一回事。第10步需要你控制对新技术的抵触情绪，并允许自动化在商业模式及其支持流程中的深入应用。

4.4　对话式 AI

如果我能和应用程序会话，那么会好得多。人们对机器人的态度如何？一方面，如果机器人能立即解决客户的问题，找机器人就胜过打电话排队等着与人工客服代表（CSR）沟通，尤其是在 CSR 不称职的情况下。另一方面，如果机器人无法迅速解决客户的问题，那么客户的不满情绪就会飙升。由于许多机器人的能力有限，客户发现自己还是需要与 CSR 进行线上会话，与机器人的沟通可能需要很长时间。而离开线上会话开始进行电话处理同样令人沮丧，因为又要等待很长时间。

会话机器人通常非常愚蠢和呆滞，设计上的缺陷令人震惊。许多会话机器人呈现一个菜单，让你选择一个问题领域，但一旦你选择了一个，并回答"其他"，你会被带回到同样的菜单，一次又一次地循环。

机器人是否在改善？它们确实在改善，尤其是在问题可以被半准确预测的明确范围内。但是，一旦客户离开了既定的脚本，不断增加的是挫败感。

1. 谈话片段

当你与人交谈时，下面是你具备的能力（Changing Minds，2017）：

提问：积极参与并寻求信息。
通知：提供信息。
主张：陈述某事为事实。
提出：提出论点。
总结：反映你的理解。

> 阅读心得

检查：测试理解。

建设：添加到现有的想法中。

包括：引入他人。

排除：排除他人。

自我推销：提升自己。

支持：提供力量。

不同意：拒绝同意。

回避：拒绝考虑争论。

挑战：提供新的想法来改变思维。

攻击：破坏他们的想法。

防御：停止他们的攻击。

阻碍：阻挠他们的论点。

有多少"会话界面"具有这些功能？当然，这个对会话界面的期望太高了。

2. 会话机器人设计

以下是 Cobus Greyling (2020) 所描述的会话机器人的设计原则：

- 轮流发言。
- 建立有效的角色形象。
- 在适当的语境中进行沟通。
- 管理会话意图。
- 适应会话的变化。
- 提供信息。
- 将会话保持在正确的轨道上。
- 推动会话的进展。

- 限制在特定领域内进行会话。

这些设计原则是可靠的，尽管是在机器中实现的（到目前为止）。但这正是我们所希望和需要的。我们必须尊重技术的限制，同时始终朝着正确的方向努力前进。

3. 会话机器人助你一臂之力

当我需要帮助时，应用程序应该"理解"我，理解我的意思、我的需求以及我设想中的完美的结果（以多种语言实时进行）。这是否要求过高？目前是的。但这正是需要发展的方向，不仅仅适用于客户服务，还适用于与智能系统的所有交互。体验还应该是主动的，应用程序应满足我的需求。在实现这一点之前，人工智能和机器学习将仅局限于具有明确定义的演绎推理任务，我们称之为具有大量标记数据的监督学习（利用线性回归来重复人类的决策过程）。虽然这样做没问题，但这并不是人最终想要或需要的。我们想要的是伙伴！

4. 局限性

人工智能和机器学习正在以我从未预料到的速度改变我们的工作和生活。我认为它是 21 世纪至今最重要的技术。不过，大多数最强大的应用都局限于有限范围的领域中，其中使用监督学习和回归分析是首选方法。这个领域还需要更多的发展，才能真正改变我们的工作和生活。会话机器人正朝着这个方向迈出巨大步伐。

4.5 关于奇点与生成式 AI

关于奇点到来的预测——当机器变得比人更聪明时——当然会有所不同。超级智能已经进入我们的世界。当最好的医生是机器时,或者当机器提供全民医疗保健时,或者当药物发现和基因组研究由机器实现时,这是否可怕并具有威胁性?当然,这些"机器"可能会被滥用,但如果奇点论者是对的,那么机器会自我纠正——就像高等生物会做的那样。不过,不能过于哲学化。无论其形式如何,人为什么不能欢迎并与扩展智能合作呢?特别是当根据奇点论者的观点,我们别无选择时。因此,如果它们能够解放我们,帮助我们保持健康,并推动我们走向更安全的未来,我认为我们不应该害怕它们。

在人工智能和机器学习领域中,最重要的发展之一是生成式 AI(Generative AI),它指的是能够自主生成新颖内容的机器智能。这些内容包括艺术、音乐、市场计划、战略、图像、代码,甚至是人际关系建议等。需要注意的是,生成式 AI 使用无监督学习算法。其输出的结果往往看起来真实而准确。生成式 AI 的生成能力将随着时间的推移不断增强,并可能解决许多传统人工智能无法解决的问题。

【指南】

人工智能和机器学习可以彻底改变企业的业务流程,甚至可能改变企业的商业模式。智能系统可以节约成本并创造利润,且应用范围广泛,包括各个垂直行业以及支持它们的所有业务流程和商业模式。人工智能将对医疗保健、交通运输、会计、金融、制造业、客户服务、航空、教育、销售、营销、法律、娱乐、媒体、安全、农业等领域产生深远影响。

阅读心得

% 05 | 第 5 章

The Digital
PlayBook

....

对网络安全
进行必要的投资

阅读心得

本章要点

- 网络攻击及其严重程度不断增加。
- 机器人是网络战的"步兵"。
- 有审计批准的最佳实践可以减少网络攻击。
- 网络战和网络安全有"邪恶"的方面,这也说明了对网络安全的投资不足。
- 投资适度的网络安全。

5.1 网络战已经到来

网络攻击的次数和严重程度不断增加。网络战已经渗透到行业、政府和国家领域。如果你能通过数字手段控制对手,肯定不会花费大量资金建造航空母舰。如果你可以通过数字手段入侵竞争对手的战略计划,肯定不会花费数十亿美元进行新产品研发。

NordVPN 的 Daniel Markuson(2020)预测:医疗保健领域面临巨大的安全风险。医疗保健机构处理大量敏感数据,但往往未能应用最新的安全标准。配置错误的数据库和备份是网络攻击成功的主要原因。预计电子邮件欺诈和勒索软件攻击将大幅增加。

网络安全公司 Trend Micro(2020)有更多预测:

- 网络攻击的速度将超过局部和匆忙打补丁的速度。
- 网络犯罪分子将转向区块链平台进行地下交易。
- 银行系统将成为开放银行和 ATM 恶意软件的目标。

- 深度伪造将是企业欺诈的下一个主要手段。
- 托管服务提供商将受到恶意软件分发和供应链攻击的影响。
- 攻击者将利用"可蠕虫化"的缺陷和反序列化漏洞。
- 网络犯罪分子将利用物联网设备进行间谍活动和敲诈勒索。
- 5G采用者将面临软件定义网络的安全问题。
- 关键基础设施将受到更多网络攻击的困扰。
- 容器组件中的漏洞将是开发运营团队关注的安全问题。
- 无服务平台将引入配置错误和漏洞代码的攻击面。
- 用户配置错误和不安全的第三方参与将增加云平台的风险。
- 云平台将成为通过代码注入进行攻击的目标。
- 对持久性和无文件威胁进行预测和行为检测将至关重要。
- MITRE ATT & CK框架（2022）将在企业评估安全性方面发挥更大的作用。

多年前，我作为CTO的职责之一是评估安全架构和相关的数字漏洞。当我带领团队完成了评估后，结果令人恐惧。我把结果给了首席财务官，他的第一个也是唯一的问题是："这会让我花多少钱？"这个回答是完全错误的。

没有安全性，政府和企业就无法运作。上市公司尤其脆弱，因为它们有股东和（有时）负责管理股东的董事会。

阅读心得

5.2 网络攻击

网络攻击的种类有许多，减少其发生和影响的最佳实践也有许多。下面从网络攻击的动机开始（Ecosystm，2019）：

- 经济利益。
- 政治或社会动机。
- 知识挑战。
- 间谍活动。
- 有组织的网络犯罪。
- 破坏活动。

现在让我们看看网络攻击的类型（Ecosystm，2019）：

- 恶意软件是一种网络攻击。它通过可执行文件在受害者系统上安装恶意软件，这通常在用户不知情的情况下进行。恶意软件包括间谍软件、勒索软件、病毒和蠕虫。
- 钓鱼攻击是指攻击者进行的欺骗性通信活动。攻击者将这些活动伪装成可信来源，例如电子邮件、消息、合法网站。通过钓鱼攻击，攻击者试图获取敏感信息、用户详细信息、信用卡号码或进行欺诈行为。
- DoS/DDoS（拒绝服务）攻击旨在通过大量流量淹没目标网站并耗尽系统的资源和带宽。这些攻击不是为了使网站崩溃，而是为了突破安全边界和探测在线系统。这会减少用户基数，乃至导致整个网络崩溃。
- SQL（结构化查询语言）注入攻击是将恶意代码或语句注入 SQL 查询或数据库服务器中，以从数据库中提取信息或对完整数据库进行数据转存。
- 零日漏洞是软件开发人员已知的软件安全漏洞。攻击者试图在补丁或解决方案实施之前利用零日漏洞来攻击具有已知弱点的系统。
- 跨站脚本攻击是通过 Web 应用程序将恶意代码以脚本的形式发送给另一个用户，这样可绕过网站的访问控制，使其与原始网站相同。
- 商业电子邮件欺诈是一种通过欺骗性的商业电子邮件来非法访问公司账户和身份的欺诈行为。

5.3 机器人和网络战

事实上，近一半的网络流量来自机器人。仅这一统计数据就足以引起注意，但更令人担心的是"坏机器人"的数量，其范围和影响正在增加，而且它们也变得越来越聪明。什么是机器人？机器人是一种自动化程序，它被编程用于特定的动作，并定期或根据需要执行这些动作。机器人可以在没有人干预的情况下分析环境，并根据情况决定采取哪些行动（Digital Guide Ionos，2022）。

机器人有"好"的和"坏"的。一些好的机器人包括（Luksza，2018）：

- 爬虫/蜘蛛——用于搜索引擎和在线服务，是一种按照一定规则，自动地抓取万维网信息的程序或脚本。
- 交易机器人——由电子商务企业使用，以人的名义行事，与外部系统进行交互，完成特定交易，将数据从一个平台迁移到另一个平台。它们根据给定的定价标准搜索最佳交易，然后自动购买或出售。
- 监控机器人——监视网站的系统，评估其可访问性，报告页面加载时间和停机时间，使其保持健康和实时响应。
- Feedfetcher/Informational——从不同的网站收集信息，让用户或订阅者及时了解新闻、活动或博客文章。它们涵盖不同形式的内容提取，从更新天气条件到在评论和聊天室中审查语言。
- 会话机器人——通过会话界面与用户进行交互。

一些坏的机器人包括（Luksza，2018）：

- 冒名顶替者——旨在模仿人的行为以防止被系统发现，并根据离线命令破坏网站。该类别还包括用于操纵公众舆论的宣传机器人。
- 刮刀——抓取或窃取原始内容和相关信息，然后在其他网站上重新发布它们。刮刀可以窃取客户名单和电子邮件地址。
- 垃圾邮件——发布钓鱼链接和低质量的推广内容，引诱访问者离开网站，最终将流量引导到垃圾邮件发送者的网站。垃圾邮件经常使用木马或黑帽 SEO 技术，从而导致感染网站被列入黑名单。一种特殊类型的垃圾邮件发送者是自动刷新机器人，它们会产生伪造流量。

- 点击/下载机器人——故意与以点击次数或性能为基础的广告进行互动。此类广告的相关成本基于广告的曝光量而增加，这意味着触达的人数越多，它们就越昂贵。

机器人在幕后全天候不间断地工作，尽管它们并不完全隐蔽。事实上，它们是可以被发现的（DFRLab，2017）。同时，它们也变得越来越聪明。机器人、人工智能（AI）和机器学习（ML）之间的结合，产生了各种智能衍生品。智能机器人大多是"好的"。但不好的消息是"坏机器人"变得越来越聪明。例如，社交机器人学会了以惊人的效率撒谎。

当社交机器人开始学习和适应时会发生什么？当它们懂得所有语言时会发生什么？当它们不可能被愚弄时会发生什么？当它们具有情感智能（Manning，2018）时会发生什么？问题不在于这些技术会使社交机器人变得更聪明或更邪恶，而是在于这些技术和其他基础技术如何产生最糟糕的机器人——"弗雷迪·克鲁格机器人"，以及它们将做什么。

如今，利用开源软件和一些廉价的云服务，就能以极低的成本创建社交机器人，并大量地在网络中使用它们。

在好的机器人空间中，高效率和竞争性反应是必不

阅读心得

可少的。在坏的机器人空间中，效率和自我防御至关重要。机器人需要知道自己的竞争对手和劲敌，需要持续地跟踪和适应不断变化的环境。

5.4 网络安全的实践策略

以下是网络安全的实践策略（Ecosystm，2019）：

- 保护资产。最佳的网络安全实践是定期更新系统和基础架构，安装来自供应商或制造商的最新安全补丁和进行系统升级。
- 对威胁进行评估。漏洞可能出现在你自己的系统内，或者可能来自其他不直接受你控制的源头，但如果你意识到了这些漏洞，就能够加以识别。定期进行系统或网络安全的尽职调查以对威胁进行评估是必要的。
- 了解威胁。新闻媒体、软件公司、网络安全组织经常发布有关威胁和漏洞的信息，这可以帮助你获得最新信息并应对威胁。
- 制订避免威胁的计划。组织定期培训并提供信息，可以预防许多网络攻击的发生。请加密敏感信息来保护账户安全，并使用防火墙来防止攻击。
- 制订事件反应计划。制订事件反应计划来应对网络攻击，以管理和限制损害。始终将系统进行在线/离线备份，有时需要IT团队来应对攻击。你还可以聘请专家来加强基础设施的安全性。

网络攻击和网络战将不受控制地持续增长，尽可能地保护你的数字资产。你可以遵循提供传统的网络安全步骤的最佳实践。但你还需要充分了解网络战和网络安全的背景，同时记录攻击，并对存在的无法逾越的网络安全门槛做好准备。

数字安全是一个快速发展的领域。数字犯罪的浪潮已经到来。随着一切变得越来越数字化，万事万物都可链接，随之而来的风险也将增加。这与交通事故增加没有什么不同。普遍性和风险之间的关系是众所周知的，安全漏洞和各种网络战都在增加，每个人都必须认识到网络风险不可能彻底消除。我们能做的就是尽量减少数字风险和犯罪的可能性，并为风险和犯罪对我们的工作、公司和生活方式造成的不可避免的影响做好应对计划。

Westar（2022）给出了网络实践策略：

- 训练员工的安全意识。
- 保护信息、计算机和网络免受病毒、间谍软件和其他恶意代码的侵害。
- 提供防火墙安全保护。
- 随着可用的操作系统和应用程序的更新而及时下载和安装软件。
- 备份重要的业务数据和信息。
- 控制对计算机和网络组件的物理访问。
- 确保无线局域网安全。
- 要求每个员工拥有独立的用户账户。
- 设置员工访问数据和信息的权限，以及安装软件的权限。

- 定期更改密码。

Alton（2020）为小型企业提供了另一个定制列表：

- 云安全。
- 网络安全。
- VPN 和防火墙。
- 更新和升级。
- 数据备份。
- 分段访问和有限访问。
- 员工培训。
- 安全文化。

SolarWinds 事件[一]（Oladimeji et al., 2022）是影响范围极广的网络攻击，但你无法解释到底发生了什么，攻击之后发生了什么。这只是几年前的事情。再过几年，你还能记得到底发生了什么吗？

即使是像 SolarWinds 事件这样的大规模网络攻击也很快就会被人们遗忘，而且结果通常"微不足道"。

大家都在谈论关于网络攻击越来越多，企业（和政府机构）需要在网络安全上花费更多的钱。网络攻击的次数和严重程度不断增加。SolarWinds 公司

[一] 2020 年年底，美国企业和政府网络突遭"太阳风暴"攻击。黑客利用太阳风公司（SolarWinds）的网管软件漏洞，攻陷了多个美国联邦机构及财富 500 强企业网络。2020 年 12 月 13 日，美国政府确认国务院、五角大楼、国土安全部、商务部、财政部、国家核安全委员会等多个政府部门遭入侵。

的报告指出，自攻击以来，它已经花费了大约 1900 万美元（SolarWinds 公司的年收入约为 7.4 亿美元）来解决造成漏洞的问题（Satter，2021）。保险行业也遭受了这些网络攻击的严重打击（Shah，2021）：尽管 SolarWinds 事件从国家安全的角度来看是一次毁灭性的网络攻击，幸好这次网络攻击并没有演变成保险市场的网络灾难。

1. 数据泄露的实际成本

数据泄露的实际成本至少包括以下五个方面，它们都可以量化。

- 修复数据泄露及其影响的成本。
- 被违约企业及后续的声誉风险，收入损失和估值下降。
- 监管罚款（以收入的百分比衡量）。
- 集体诉讼的辩护费用、和解费用。
- 保险补偿。

数据泄露的平均成本在 2020 年约为 380 万美元（根据 Ponemon Institute 的成本数据泄露报告）。

声誉风险更耐人寻味。短期损失可能很大，但长期风险要小得多。

Comparitech 认为数据泄露并不一定会导致股价崩溃（Comparitech，2021）：数据泄露的规模并不直接与股价大幅下跌相关，经历数据泄露的公司实际上在泄露后的六个月内表现得更好。

2. 保险

考虑到数据泄露的巨大潜在成本，企业应考虑将所有与数据泄露相关的风险和成本转移给保险公司（Embroker 团队，2022）。

看看当一家企业的数据库遭到破坏时会发生什么。这家企业必须在指定的时间段内披露违规行为。数以百万计的记录，包括地址、电话号码和信用卡号码，被卖给出价最高的人。客户收到他们从未购买过的物品的账单（尽管他们不必支付这些费用）。

德勤报告（Bobrow, 2022）中最引人注目的结论是：单靠金钱的投入不能从根本上解决问题，因为更高的网络安全支出并不一定能够转化为更高的成熟度水平。支出较高和达到的成熟度评级之间并没有明显的相关性。

过低的支出是否意味着这是一个无法解决但后果可控的问题？当所有人都呼吁大规模新增开支时，你为了满足审计员、董事会和执行团队的要求而背道而驰，那么这样做是否合理？

也许正确的方法是要充分尊重威胁，采取每一个审计人员都认可的最佳实践，但不要在网络安全上过度投资。

正如同德勤的报告指出的，你应该根据合规要求来决定需要投入多少资金。最糟糕的做法是采取一种"零容忍"政策，并期望通过大规模无止境的资金投入来消除网络攻击的可能性。

【指南】

网络攻击的数量和严重程度不断增加。所有企业在网络攻击面前都很脆弱,无论它们投资多少。

采取行业网络安全的实践策略可保护你的网络、数据库和应用程序。你必须让你的审核员和合作伙伴满意。

德勤的结论是不能仅仅依靠资金投资,因为更高的网络安全支出并不一定能够转化为更高的成熟度水平。以全职员工占IT预算的百分比来衡量,在被调查的企业中,网络安全支出在预算中占据了相当大的比例。但是花费大量资金和实现成熟度评级之间并没有很强的相关性。

阅读心得

The Digital
PlayBook

拥抱监管政策

阅读心得

本章要点

- 技术监管政策会影响企业的发展。
- 跟踪监管政策趋势是企业的核心能力。
- 监管政策领域包括隐私和监管、全民互联网、监视、虚假或错误信息、反垄断、网络安全、人工智能和机器学习、加密货币和合规。
- 积极比被动好。

监管政策无处不在。一些监管政策关注科技行业的结构，如垄断问题；一些监管政策关注特定问题，如隐私；一些监管政策关注基础设施，如全民互联网；还有一些监管政策关注特定技术，如人工智能和机器学习。

图 6-1 中的监管政策领域会对企业产生重大影响，必须紧密地关注和跟踪它们，并评估它们对企业的潜在影响。

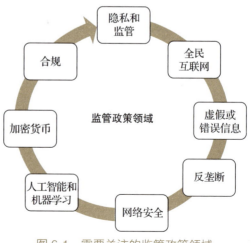

图 6-1　需要关注的监管政策领域

6.1 隐私和监管

几年前,技术人员开始在服务器、台式机和数据库周围"窥探",以了解硬件和软件的状况以及如何管理它们。"窥探"正在影响全球商业模式,之前没有人预测到监管会变得如此普遍,也没有人预测到"窥探"会带来如此多的利润。

当前,数字监管是普遍存在的。每次我们发布博客、发推文、发帖子、拼车、在亚马逊网购、从 Airbnb 租房,这都会留下数字活动的痕迹。现在数字系统都在跟踪我们在哪里、我们去哪里、我们吃什么、我们想什么、我们喜欢谁、我们爱谁、我们在哪里储蓄、我们知道什么和我们讨厌谁(Zuboff,2019)。

隐私现在已经成为 21 世纪商业模式和业务流程的一个重要组成部分,也是丰厚利润的来源。

丰厚利润会导致相应的社会权力、经济权力和政治权力的产生,这种权力可以被用来操纵隐私。如果这个过程继续演变,监管将成为许多数字商业模式的一个组成部分,从而成为直接盈利的途径,而隐私则成为一种威胁,不是对我们个人自由的威胁,而是对盈利能力的威胁。

虽然美国没有国家级的数据隐私政策,但美国的一些州正在向类似《通用数据保护条例》(GDPR)的隐私政策迈进。如果每个人都有权选择退出个人数据的收集和分发,而不会失去特权服务或支付更高的费用（或额外的费用）会怎样？如果美国实施GDPR，收集和出售个人数据的媒体或互联网服务提供商将受到严重影响。

6.2　全民互联网

一些国家已经将"互联网"定义为公共服务，并围绕访问、供应和隐私制定了"规则"。这涉及互联网服务提供商（ISP）被赋予的控制互联网访问的权力。

网络中立反对者的主要设想是，放松监管将会鼓励创新，因为商业互联网服务提供商可以向某些客户收取更多的费用（以换取最受优待的服务）。"额外"的钱可以投入到惠及所有人的互联网基础设施项目中。网络中立的支持者认为，如果没有某种形式的监管，就会有滥用访问权、分发权和隐私权的行为。主要的问题包括数据控制、数字权利、数字自由、加载缓慢、竞争、创新、标准、伪服务和隐私等。归根结底，监管是为了保障消费者与企业的权利和自由。

6.3　虚假或错误信息

要时刻准备好辨别虚假或错误信息。一个显而易见的对策是实时数字事实核查。这个核查过程可以通过数字事实核查人员自动化地在网络上搜索虚假信息来实现。在直播之前要对事实进行核查，以防止播出虚假或错误信息的陈述。直播流媒体使"事实"的真实性变得复杂，因为并非一切都如表面所示，这是我们在几十年的大众媒体经验中学到的。

现在要求监管的呼声不断增加。当然，问题在于大量依赖于虚假或错误信息的商业模式，如公共和私人媒体，它们通过夸大的虚假或错误信息吸引尽可能多的参与者。利用媒体渠道和操纵内容以获取相关利益是否需要监管？在公共网络上故意传播虚假或错误信息是否需要监管？技术公司是否会被重新定义为媒体公司？这些问题迫在眉睫。

6.4　反垄断

事实上，垄断随处可见。云传输、互联网搜索、社交媒体、操作系统和网约车市场都有垄断。众所周知，垄断限制了创新。反垄断政策会影响许多行业的结构。

David Wessel（2018）在《哈佛商业评论》上写道：尽管苹果、亚马逊、谷歌和脸书的受欢迎程度非常高，但它们正在受到经济学家、法律学者、政治家和政策专家日益加强的审视。这些专家指责这些公司利用自己的规模和实力压制潜在的竞争对手。

6.5　网络安全

简单来说，美国的数字基础设施漏洞百出。同样危险的是，数字基础设施和最流行的应用程序（比如社交媒体）容易受到恐怖分子、黑客、竞争对手和机器人的操纵。

据美国国土安全部（DHS，2018）称，威胁无处不在，而且越来越多。美国国土安全部认为美国应该加强执法部门的力量，通过充分利用自身的专业知识和能力，针对金融和跨境网络犯罪，追捕、打击、减少和消灭非法网络活动。网络空间的跨国和跨领域性质以及挑战的庞大规模，要求执法部门与其他联邦、州、地方和国际执法伙伴展开更紧密的合作。

无论你是否与政府有生意往来，通过网络安全审计可能会变得越来越困难，如今的网络安全审计包括网络、数据、操作、系统和物理安全等，这个审计范围是否可以扩展？比如，引用特定的工具和技术，或者访问和保护个人数据。这会花费多少？你是否可以在企业内部完成，还是应该外包？你的商业模式以及与你所在行业相关的责任将决定你采取何种方式。

6.6 人工智能和机器学习

人工智能和机器学习是强大的问题解决者。有关"可解释的人工智能"的监管可能会影响智能系统的设计和开发。这将促进智能系统的发展，并"揭示"应用程序做出决策的方式。

除了针对可解释的人工智能的法规外，还存在关于任何自主性事物的法规，可能还会有与减少某些行业劳动力相关的法规。与人工智能和机器学习相关的法规可能无所不在。

6.7　加密货币

大多数买房子或买车的人，或者在亚马逊上购物的人从未想过"用加密货币支付"。尽管很多人都听说过比特币，但大多数人不知道有多少种加密货币（超过 1000 种）。极少数人意识到加密货币也是一种货币、一种投资和一种技术。你可以用加密货币购买房屋，用退休金投资加密货币（最终可以投资加密货币交易所交易基金），并投资加密货币的基础技术（区块链）。

关于加密货币有如下信息：

- 用加密货币几乎不可能发生身份盗用。
- 通过加密货币很容易进行洗钱等交易。
- 加密货币是可用的和即时的。
- 越来越多的企业最终会接受加密货币。
- 加密货币是不稳定的。例如，比特币和以太坊的价值在过去几年中剧烈波动。

更多公司会接受和交易加密货币吗？更多投资者，比如富达（通过外汇贸易基金和其他投资工具）会提供加密货币投资机会吗？（Franck，2021）

美国政府有一项新规定，加密货币交易所被视为经纪人，必须遵守相关的报告和记录保存义务，还发布了一项行政令，详细说明了引入加密货币监管框架的计划。该计划涉及 6 个数字资产优先事项：消费者和投资者保护、促进金融稳定、打击非法金融活动、美国全球金融领导力、金融包容和负责任的创新。

由此可以看到监管政策可以涉及的范围和深度。你是否受到加密货币政策的影响？

也要注意，各国的法规和监管会有所不同。例如，一些国家禁止、限制、批准加密货币资产，许多国家都在"观望"。如果你是全球性的投资者，你需要跟踪全球的监管政策。

6.8 合规

合规要求举例如下（Tozzi，2021）：

- 通用数据保护条例是欧盟数据保护条例。
- 加利福尼亚州消费者隐私法和安全法。
- 付款卡行业数据安全标准是信用卡公司制定的标准。
- 国家标准与技术研究院的网络安全框架。
- 健康保险便携性和可负担性法案（美国的合规框架）。
- 美国打击企业欺诈的萨班斯-奥克斯利法案。

也有一些软件工具可以跟踪和满足合规要求（Brooks，

2020）。有些是通用工具，比如技术审计工具；有些是适用于特定行业的。你需要跟踪合规要求，这是一项核心能力。

【指南】

监管政策包括隐私和监管、全民互联网、虚假或错误信息、反垄断、网络安全、人工智能和机器学习、加密货币、合规。遵守规则、改变规则，这需要通过主动的沟通来实现。

07 | 第 7 章

The Digital
PlayBook

制定正确的
领导、管理和监督规则

阅读心得

本章要点

- 领导力和管理方面有持续的挑战，你不可能总能赢得每一场比赛。
- 通过内部顾问取代外部顾问来建立核心能力。
- 过多的"首席"职位会造成不必要的信息孤岛和复杂性。
- 层级管理结构比扁平管理结构更有意义，尤其是对于远程工作而言。
- 必须控制情绪。
- 企业治理是关键。

7.1 领导力和管理的挑战

在亚马逊上销售的领导力类书籍有 5 万多本，有数千个领导力课程。领导力的"大师课程"由名人主讲。

尽管有这么多的指导，为什么还有那么多失败的管理者呢？有多少企业遭受了糟糕的管理？归根结底，大多数"管理"都是对市场、竞争和危机的反应，不是主动的管理。相比于基于数据、经验、预测和最佳实践而进行的创造性战略规划和决策的管理，被动式管理要容易得多。

跳棋比国际象棋简单。当跳棋以平局结束时，没有人在意。但是国际象棋很复杂，这就是为什么它如此具有挑战性。最重要的是，领导力和管理要基于数字化领导力进行塑造。

领导力和管理的挑战已经存在了几十年。我们必须承认没有完美的管理者，没有完美的战略，也没有完美的计划。但是你的竞争对手也面临着同样的挑战。

成功的数字化转型需要管理者的数字化领导力的支撑，需要对企业的战略优势、劣势和意图有全面的理解，以及对新兴技术的了解。另外，还需要对企业文化和社会宏观局势有着深入的了解。

制定数字化战略不能完全依赖外部顾问，除非外部顾问加入企业并能长期留下，否则他们无法真正了解企业。更广义地说，数字化转型是企业的核心竞争优势。企业需要建立一支数字化教练团队来帮助识别、建模和解决在制定数字化战略过程中遇到的问题。

数字化教练可以由长期合作的专家顾问组成。当员工轮流进入数字化教练团队接受辅导，他们就会倍加重视这样的机会，并认为是得到了相应的奖励。构建和组织数字化教练团队的策略是明确的，即重新思考外部咨询公司在企业中的角色，然后利用数字化教练来加速企业成功。

7.2 减少高级管理者的数量

最近，我看到不少企业设立了首席数字营销官、首席数据官、首席分析师、首席社交媒体官、首席内容官、首席转型官、首席云计算官和首席数字策略官,以及他们的副手。企业的组织架构真的可以容纳所有这些领导吗?

企业设立的首席职位越多,企业的业务结构、规则和流程就越复杂。首席职位会增加组织的自治性,但也会使管理衰退和功能失调。

众多首席职位也会对企业的组织结构和业务流程带来挑战。假设企业设有10个首席职位,它们有各自的任务、团队和预算。普遍的激励结构和竞争使得首席职位之间无法相互协作。首席数据官会干涉首席数字营销官的工作,而两者都需要首席云计算官的支持,同时首席信息安全官告诉他们都有哪些事情可以做和不可以做(在首席转型官的监督下)。

企业应该设立尽量少的首席职位,使这些首席职位在更高的抽象层次上运作,并减少对现有的业务规则、流程和模型的侵入性,从而提升工作效率和敏捷性。

以下步骤可以减少企业首席职位。

第一步是对领导层进行关于数字技术趋势和能力的培训。这个培训需要结合专业知识和数字技术。这种知识和技能需要被全部管理者掌握。每个管理者都应该具备通过数字化转型增加企业的盈利优势的能力。

第二步是创建一个由企业数字管理员管理的企业级

知识库，这是一个内部的搜索引擎，能够回答有关业务流程、商业模型以及数字技术交叉领域的相关问题。

第三步是在每个业务部门创建迷你创新实验。随着时间的推移，这些业务部门将成为数字化转型的引擎。

7.3　建立层级管理结构

Gartner 集团对技术组织进行了预测（Eide，2021）：随着工作的自主性和远程工作模式的增加，到 2024 年，30% 的公司团队将没有老板。

我对以结果为导向而非以过程为导向进行管理没有意见，尤其是在技术领域，特别是远程工作。但是预期的结果必须清晰，否则员工将偏离管理的要求。以结果为导向的管理包括清晰度、风格、时机、文档、关系、历史、先例、协作等，这些都必须被明确指定，而不是暗示。在这里，具象性是你的朋友，模糊性是你的敌人。一些专业人士可能会适应这种管理方式，但很多人可能不适应。

我们总是在寻找新的管理方式。企业的组织结构都是有缺陷的，需要选择一种并坚持下去。

远程工作的模式对最（相对）有效的组织造成了压力。没有人真正知道每个人究竟在哪里、在做什么。没有人知道谁在听，也没有人知道如何评估远程工作。特别容易受到影响的是那些以口头为主而不是基于实际文档的企业。这些企业不总是记录谁在做什么、做得怎么样，以及绩效指标是什么。那些"不记录所有内容"的企业在进行年度绩效评估时特别困难，这些评估可能是在山上、海滩上或某人的地下室进行的。

RACI指的是负责人（Responsible）、审批人（Accountable）、咨询人（Consulted）和知情人（Informed）的状态。有些企业依赖于RACI模型来帮助澄清所有这些内容。RACI模型要求企业明确项目和更大规模计划中的角色。关于RACI模型有很多定义，这里是一个清晰的定义（Montgomery et al., 2020）：RACI模型是一种图示，用于确定项目中承担主要任务的关键角色和责任。RACI模型是对项目团队中每个人所扮演的职能角色的可视化表示。创建这些模型是在平衡工作负荷和确定决策者方面的一项出色练习。

领导力和管理的核心是两种基本的组织理念：层级结构和有机结构（Devaney，2022）。层级结构是更结构化、可预测的，有机结构是初创企业更多采用的。

层级结构以其狭窄的控制范围、高度的集中化、专业化和形式化而闻名。尽管层级结构听起来可能令人生畏，但无论长短，指挥链始终清晰。随着企业的发展，需要确保每个人（以及每个团队）都知道企业对自己的期望。

有机结构（也被称为扁平结构）以其广泛的控制范

围、分权化、低度专业化和松散的部门化而闻名。在这种结构下，可能有多个团队向一个人负责，并根据项目的重要性和团队的能力来承担项目。这种组织结构比层级结构更加灵活，对业务需求采取一种临时性的方法。这有时可能会导致指挥链的长短难以确定。因此，管理者可能会更快地批准某些项目，但在项目的分工方面可能会引起混乱。

员工通过远程办公发现了生活和工作的平衡。一些企业也喜欢这种方式，因为相比于租用所有那些物理空间来说，这更加便宜，不是吗？但是，远程工作的模糊性和责任性也将会增加。以学术界为例，Zoom 以及更普遍的线上教育方式已经改变了传统授课方式。在线授课的教授可以在任何地方工作，而不一定必须在他们所属的学术总部。我认识一些从未去过校园的教授，我也认识一些甚至不知道或不关心他们的教授住在哪里的管理人员。这对于销售和市场营销人员则不可能。教授的绩效和责任围绕着具体的可衡量的教学绩效指标，而且他们的"管理"一直是远程进行的。而企业专业人员需要针对一组不断变化的要求制定并密切跟踪具体绩效指标，这只能通过层级结构来实现。

拒绝扁平化，保持层级结构。

7.4 管理情绪

重大的技术投资通常受到各种情绪的驱动。换句话说，许多技术决策都基于感觉。有些是好的，有些是坏的，有些是危险的，但是仅仅基于感觉，而不是经验性的调查就无法分辨它们。这就解释了为什么如此多的技术投资未能产生运营价值或战略价值。

重要的是要理解技术决策中存在着许多情绪因素。CEO、CIO、CTO 和 CISO（首席安全官）以及所有其他高层管理者、决策者，和其他人一样受到偏见、恐惧、希望、无知、困惑、否认和固执等情绪的驱使。这些情绪有时比调查数据更具影响力，当高层管理者向他们喜欢的供应商付款、提升团队中最忠诚的成员或者仅仅基于他们的判断和直觉制定战略时，有大量实证证据表明这些情绪驱动的行为是没有意义的。

恐惧、困惑、乐观、不确定性、否认和更糟糕的情绪正在推动一些企业在运营和战略技术决策方面做出代价最昂贵的决策。技能评估通常是"个人化"的，很少有商业技术决策管理者客观地评估他们团队的技能和能力，他们根据人际关系、朋友推荐、直接和间接经验以及声誉等主观变量进行评估。有关带有偏见的员工评估已经有了充分的文献资料支持（Symonds, 2022），其中一些持久的偏见包括光环效应、工作年限偏见、宽容偏见、对比偏见等（Julie, 2018）。

评估技术专业人员绩效的挑战在于技能和能力要求的快速变化。当前对专业技术人员的技能要求包括优化云计算、移动应用、人工智能和机器学习、增强现实和虚拟现实、区块链、物联网、可穿戴设备、加密货币等技术，所有这些每三年都会发生变化。有资深职位的高管很可能没有优化技术投资的必备技能和能力，因此高管必须对团队中的技能差距保持绝对诚实，尽管很少有人能做到。你可能会听到有人说："你是认真的吗？我每周都和查理打高尔夫球！现在你要我替换他？"

如果企业存在偏见、恐惧、希望、困惑、否认和顽固的问题（在某种程度上是存在的），那么可以通过以下五个步骤来解决。

- 第一步是意识，必须承认情绪在技术管理中所起的作用。如果忽视这一步骤，情绪将主导决策。
- 第二步要求每个人都实事求是，就像外部人士一样，在分析中不能掺杂个人或财务利益。
- 第三步要求分析师给出关于（尤其是）大型和小型技术投资的建议。
- 第四步要求对所有变量进行量化。
- 第五步旨在改善企业文化，减少情绪在技术决策中所起的负面作用。

我可以确认情绪在技术采购、管理和评估过程中所起的作用。极大的压力、泛滥的误导信息、不可靠的供应商、不确定性、大量的政治交易、长期的个人关系、过多的希望和否认、不惜一切代价取得成功的需求，以及在无人监视时失败，所有这些都更偏重情绪而非经验主义。举个例子，曾经作为一家全球 100 强公司的首席技术官，我发现，我们一直在逃避现实对基础设施和应用投入不足。我们知道需要投入更多的资金，但高层管理者对尽可能降低技术成本的压力是无情的。

作为一名顾问，我曾与那些在进行大规模技术投资时几乎没有足够的分析或证据来支持自身决策的公司合作过。这些公司只是盲目跟随潮流，然后在项目开始后不久就想知道为什么事情出了问题。很多公司无法客观评估技术团队，有时甚至会慷慨地提拔本该被解雇的员工。我目睹了高层管理者在安全、奖励、人员配备和供应商方面表现不佳，这是与负责人及其他莫名情感的个人关系所致。

观察你自己的感受。
观察你的同事的感受。
观察你的公司的感受。

7.5 数字化治理

数字化治理涉及规则、角色、关系和工作方式。以下是一些简单的数字化治理问题：

- 你是否有任何规则？
- 你团队的所有成员的角色是否明确？
- 团队成员和整个团队之间的关系是否明确？
- 公司的工作方式是否与规则、角色和关系一致？

请听我说：模糊性总是企业的敌人。在企业中，规则、角色、关系和工作方式越不明确，企业的生产力就会越低。让我们来详细分析这个问题。我们都知道，当项目构思或启动时，会有大量关于 A 人如何与 B 人（C、D、E……）互动的讨论。谁应该被抄送电子邮件（谁不应该被抄送）？谁应该被邀请参加会议（谁不应该被邀请）？谁应该进行演示（谁不应该）？谁应该撰写商业案例（谁不应该）？想象一下，如果每个人都知道自己的工作是什么，这些步骤的数量会大幅减少。

RACI 模型是一个很好的开端，但还需要做更多的工作。让我们来看看首席技术官（CTO）的角色：

- CTO 负责所有涉及外部客户（企业内部客户由 CIO 支持）的产品和服务。
- CTO 还负责企业的技术愿景，在响应行业趋势、客户需求和竞争定位的同时，识别、试点和开发新的产品和服务。
- CTO 制定技术战略以增加收入，并主要通过管理技术产品、服务和试点来进行 ROI 分析。CTO 还负责管理软件产品和技术服务中嵌入的知识产权。
- CTO 有长期的信托责任，将业务战略与其技术组合相结合，并在企业内外都宣传数字化。
- CTO 与 CEO、所有高管和董事会进行交互。

工作方式：

- CTO 是企业战略领导团队的关键成员，与 CEO、产品管理、销售、业务发展、咨询、营销以及企业的高管团队密切合作，以确保与当前和未来的技术倡议的一致性。

- CTO 在内部和外部都进行沟通交流。在内部，CTO 与销售、产品管理、咨询、业务发展和执行团队进行交互，以确保与当前和未来的技术倡议的一致性。在外部，CTO 与技术研究和分析机构进行交流，并在关键的技术和行业会议上代表公司。
- CTO 还管理企业的软件工程功能，包括软件架构和软件开发。
- CTO 还与研究团队密切合作，以确保当前和新兴的知识产权、技术和软件产品、服务保持一致。

细节很重要，但更关键是角色的规范化，管理者在企业内部和外部的关系以及在企业内部的工作方式。所有这些的沟通构成了数字化治理，只需要存在一种机制来执行治理变体。

数字化治理只有在被执行时才有效。

你有勇气去实施规则、角色、关系和工作方式吗？（如果你没有，就不要搞治理了。）数字化领导力是具有挑战性的，我们都知道该做什么。挑战在于要做必要的事情。我们都见过那些纸上的领导力和管理清单、步骤和最佳实践，而它们在实际执行中被忽视了。

【指南】

记住，领导力和管理挑战无处不在。你不可能赢得每一场比赛，所以要保持适当的观点。

内部顾问可以执行智力胜过体力的指令，可以组建和任命顾问团队来执行许多传统顾问所执行的任务。

减少企业中的"首席"职位，克制创建新职能、增加预算和隔离的欲望，保持简单。记住，在一个趋同的世界中过分专业化是错误的。企业拥有的批准和授权的首席职位数量说明了组织的复杂程度：首席职位越多，企业的业务结构、规则和流程就越复杂。首席职位增加了组织的自主性，却导致组织僵化和功能失调。首席职位越多，混乱和冲突就越多。采用层级结构，特别是在试图分配和跟踪远程工作时。考虑使用RACI模型来消除不确定性。恐惧、困惑、乐观、不确定、否认等因素正在推动一些最昂贵的运营和战略技术决策，尽量识别并减少它们的影响。重视数字化治理的重要性，数字化治理涉及规则、角色、关系和工作方式。记住，模糊性是企业终生的敌人：在企业的规则、角色、关系和工作方式方面存在的模糊性越多，企业的生产力就会越低。同时请记住，数字化治理只有在得到有效执行时才能发挥作用。

阅读心得

第8章

The Digital
PlayBook

创新是企业生存的根本

本章要点

- 创新不是商业化。
- 推销成功的创新项目。
- 具有创意的商业案例。
- DARPA 式创新经验。
- 新兴技术与创新。
- 创新治理。

8.1 创新及其类型

创新是有目的的,是为了降低企业成本和增加企业利润。

创新不是商业化,而是促进商业化,它们是不同的。

创新有许多不同的定义和分类,下面介绍三个定义(维基百科,2022):

- 创新是一个多阶段的过程,组织将想法变成新的或优化的服务、产品和业务流程,从而在竞争中脱颖而出。
- 维持创新是基于现有客户已知要求(例如,更好的微处理器、平板电视)改进或拓展产品或服务。
- 渐进式创新改进和扩展了已有设计,但核心设计思想仍然保持不变。

基于上述创新的定义,图 8-1 给出了创新的三种类型。

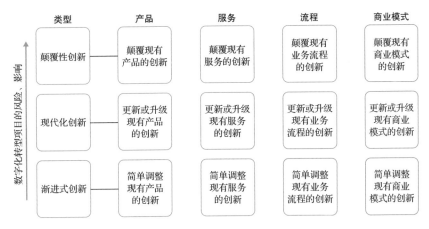

图 8-1 创新的三种类型

渐进式创新、现代化创新和颠覆性创新适用于产品、服务、业务流程和整个商业模式,在多个行业垂直领域都有应用。大多数企业喜欢夸大自己的创新能力和成果,大多数的创新是在偶然的情境、机遇或绝望中发生的颠覆,这与数字化转型类似,正如我们在第 3 章中讨论的那样,数字化转型很少是变革性的。

颠覆性创新是困难的,它通常是从渐进式创新中演变而来的。有时候,它会突然出现,但这通常不是普遍情况。所以,在定义创新项目时要小心。还要注意,创新可能会以不同的方式影响不同的市场。你是在颠覆产品、服务、业务流程,还是商业模式?想一下 Airbnb、Vrbo、Expedia 和 Kayak,它们是颠覆了业务流程、商业模式,还是服务?或者是三者都颠覆了?

创新与商业化是不同的。商业化是将新产品或服务推向市场的过程。更广泛的商业化行为涉及生产、分销、营销、销售、客户支持以及其他对实现新产品或服务的商业成功至关重要的关键职能（Kenton，2020）。

创新的重点是用于商业目的。理想情况下，通过创建、发布和发展新产品或服务来实现商业目的。

8.2 创新的商业化过程

启动一个创新项目的商业案例应该很简单。但在此之前，请先看看用于审核创意、项目、产品和服务的商业案例模板。这个模板应该尽量简短，以免业务流程限制我们创新的商业化效率以及激情。当这种情况发生时，需要精简复杂的创新商业化过程，形成可加速创新的商业化过程。

以下是构思商业案例的五个问题：

- 要解决什么问题？
- 是一个新的业务流程还是一个新的商业模式？
- 如何实现？将利用哪些技术？
- 核心竞争力是什么？
- 风险是什么？

这些问题适用于创新的商业化过程的每个阶段，最终商业案例成为商业计划，创新的商业化过程如图 8-2 所示。

构思	定义产品或服务	原型制作	设计	测试	商业化
探索各种新的创意和想法	定义产品或服务	开发原型演示	如果原型验证成功,进行详细的产品或服务设计	对产品或服务进行产品和市场测试	将最小可行产品(MVP)推向市场
制定一个商业案例以批准进一步的尽职调查	定义产品或服务的执行方式	向投资委员会进行原型演示和展示	将设计过程推向下一个阶段	测试产品或服务以验证其性能	通过分析将最小可行产品引入市场

图 8-2 创新的商业化过程

8.3 演示很重要

演示一个新想法的商业案例充满挑战,从演示的角度而言,需要强调的是演示形式。换句话说,优先考虑风格而非实质。特别是对于投资团队来说,往往总是更加欣赏"甜美的开胃菜"而不是"大餐"。

- 了解观众期望的形式和内容。与之前曾经向这些观众进行演示的人交流,征求他们的意见。直接向观众询问他们希望听什么,以及他们希望的演示方式。询问观众演示的时限和必须包括的内容。
- 为意外做准备,要能随机应变。确保做演示的人善于表达、自信,但千万不能傲慢。
- 原型演示。原型演示对于传达创意和获得投资者的认同至关重要。投资者需要看到技术是如何在特定的场景下解决问题的。
- 评估新的商业模式、业务流程和技术的最佳方法之一是在特定环境中评估其潜力。也就是说,它们如何解决跨多个垂直行业的问题,甚至可能颠覆整个行业的商业模式和业务流程。
- 情景、模拟和用例可以传达潜力。例如,应用程序可帮助保险公司接触更多客户，安全工具可运用在企业的供应链上，或者社交媒体监听技术可增强数据分析。
- 实时的、灵活的现场演示。清楚地表达产品和服务的创新性。不要预先录制演示，灵活的现场演示更有说服力。
- 演示内容应该能被董事会成员和其他高管理解。换句话说，商业模式、业务流程和技术必须被揭开神秘面纱。尽量不要使用术语和缩写，示例应该简单明了且易于理解。
- 低成本是一种受欢迎的投资策略。投资委员会更倾向于低成本的投资，以及在短时间内投入很少资金就可学到很多东西的想法。
- 演示必须是主动的，演示的每张 PowerPoint 幻灯都要有大的图示。观众期望演示简洁到位，最好有链接到图示和带有嵌入式用例演示的视频。
- 确保你在不停地练习你的演示。找一些局外人来检查你演示的内容和节奏。听取他们的意见，并根据需要做调整。

投资委员会的典型问题有：

- 我们能赚多少钱？
- 可能的回报率是多少？
- 最好的情况和最差的情况是什么？量化赢和输的情形，注意 25% 的回报率不会有用。
- 市场规模有多大？
- 目标市场有多大和有多赚钱？

- 市场上有多少竞争者？
- 新竞争者进入和离开市场的速度有多快？
- 有没有初始客户可以和我们联系？
- 新兴技术有哪些？
- 新服务是什么？
- 混合交付模式是什么？
- 有没有任何知识产权？如果有，知识产权的状况如何？
- 什么是不可抗拒的价值主张？
- 需要投入多少钱，用来做什么？
- 启动需要多少钱？
- 未来 12 个月的每月现金流是多少？
- 未来五年的现金流、收入和盈利预期是多少？
- 你计划如何花这笔钱？为什么？
- 总的筹款计划是什么？
- 团队的成功经验和有哪些？
- 谁是创新团队、交付团队、董事会和顾问委员会的成员？他们有哪些创业历史？
- 谁是熟悉创始团队经验的人，我们可以联系他们吗？
- 用简洁、灵活、有趣的视觉演示包装你的答案，然后随机应变。

8.4　让技术团队行动起来

创新是企业成长的生命线。任何一家企业都希望增加收入，那就必须进行创新。一些因未能成功创新和商业化而跌落神坛的企业包括柯达（Kodak）、施乐（Xerox）、诺基亚（Nokia）、百视达（Blockbuster）、雅虎（Yahoo）、赛格威（Segway）、黑莓（Blackberry）、西尔斯（Sears）、梅西百货（Macy's）、日立（Hitachi）、拍立得（Polaroid）、东芝（Toshiba）、摩托罗拉（Motorola）、索尼（Sony）、国家地理（National Geographic）、泛美航空（Pan Am）、玩具反斗城（Toys R Us）等。创新的迫切性是真实存在的。

成功的企业会拥有专门的新兴技术团队，负责跟踪、评估和原型制作。

理想情况下，这些团队执行以下活动：

- 跟踪技术。技术跟踪团队负责识别、跟踪和评估现有和新兴的数字技术。新兴技术团队进行持续的自动网络搜索，参加技术会议，并与全球技术专家交流。技术跟踪团队则"嵌入"业务线。
- 开发技术趋势图。技术跟踪团队负责跟踪技术趋势，特别关注直接、间接和新兴的竞争对手。新兴技术团队负责确定最有发展潜力的数字技术。图 8-3 提供了一个虚拟的开发技术趋势图。该图根据业务成熟度和可能产生的业务影响将技术进行了分类。这两个宽泛的度量标准用于指导新兴技术团队的跟踪、评估和原型制作。注意，技术列表随时间变化。一旦技术达到一定成熟度并且可以与高影响力的商业问题联系起来，就会将其移交给进行原型制作的新兴技术团队。

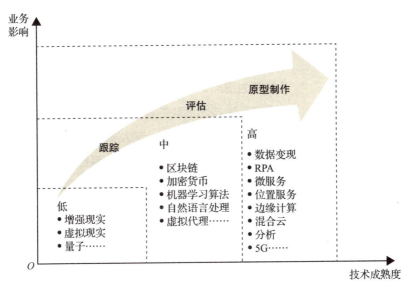

图 8-3 开发技术趋势图

- 原型制作。新兴技术团队与技术跟踪团队紧密合作，优先展示最有前途的技术。该团队与业务线（LOB）协调，以确定哪些原型可能产生最显著的商业效果。原型制作团队进行演示，旨在确定技术是否准备好进行完整的部署。该团队为拟议的技术试点拟定商业案例。该团队进行试点，如果成功，将成为正式部署的候选团队。通过原型转换技术可以实现创新，这也是新兴技术团队的主要目标。
- 企业架构的开发。这是企业架构团队的重点工作，企业架构包括业务流程、数据、应用程序以及产品和服务的交付。企业架构团队"管理"创新投资。企业架构团队与战略办公室、IT团队紧密合作，制定商业、数据、应用程序和交付架构。企业架构是组织和优化技术投资的框架。传统上，企业架构以内部为重点，旨在协调业务和技术。而现在，企业架构则以内部和外部为重点，特别是在创新产品和服务方面。

- 所有新兴技术活动的解释和沟通。这是技术关系管理团队的重点工作，包括技术宣传周期的制定、技术试点和企业架构。技术关系经理记录和转化新兴技术团队的活动、要求、能力和进度，提供给其他部门。新兴技术团队内的技术关系经理面向外部，对接战略办公室、创新办公室、信息技术团队等。

创新和商业化取决于新兴技术。新兴技术团队是创新的先锋，因此也是数字化转型的先锋。新兴技术团队应该由具备各种技能和能力的专业人员组成，这些团队还必须找到适合的环境。

新兴技术团队应独立于其他部门进行运作。它应由首席技术官领导，其职责是在首席创新官或首席执行官的指导下管理创新。新兴技术团队还需要资金支持。资金可以来自业务线的收入，也可以直接由创新办公室提供，还可以直接来自首席执行官的支持。创新经常在董事会的指导下进行。

无论新兴技术团队的归属或资金来源如何，它们必须赢得信誉，而最佳方法是跟踪、试点和部署能够节省成本或为业务线创造收益的技术，从而对商业模式和业务流程产生影响。一旦建立了良好的记录，新兴技术团队的声望和重要性将提升。

8.5 治理

治理是新兴技术团队的关键绩效衡量标准。新兴技术团队负责技术跟踪、流程/技术匹配和试点，也负责部署。问责制和责任制之间的区别很重要，因为涉及所有权。除了问责制和责任制外，还有咨询和知情，它们完善了流行的 RACI 模型类别（Hayworth，2018）。其中包括指定谁是负责人，对项目和项目群"负责""咨询""知情"。图 8-4 中的 RACI 模型描述了新兴技术团队与其内部合作伙伴的关系。

利益相关人 任务	新兴技术团队	创新办公室	战略办公室	信息技术团队
新兴技术战略	A	R	C	R
技术跟踪	A	R	C	R
技术试点	A	R	C	R
企业架构	A	R	C	R
部署	R	R	C	A

R 负责人　　C 审核人
A 批准人

图 8-4　用于新兴技术治理的 RACI 模型

新兴技术团队与创新办公室（通常由首席创新官负责）、战略办公室以及信息技术团队（由首席信息官负责）密切合作。新兴技术必须由这些利益相关者明确治理。请注意，新兴技术团队负责整体新兴技术战略、技术跟踪、技术试点和企业架构设计，并负责成功技术试点的部署。

【指南】

创新不等同于商业化；创新为商业化提供了可能性，而不是反过来。

创新有三种类型：渐进式创新、现代化创新和颠覆性创新。

商业化代表了从创新到商业化的转变。商业化是对创新的"利用"，"商业化是将新产品或服务引入市场的过程"。

重点关注将创新用于商业目的的开发。理想情况下，通过创建、推出和发展最小可行产品（MVP）或服务来实现这些商业目的。

为了将一个创新项目引向商业化，推销其商业案例应该是简单明了的。

为一个新创意进行商业案例推销是具有挑战性的，要了解受众期望的形式和内容，为意想不到的情况做好准备。原型示范——"演示"——对于传达创新和向投资者展示企业努力的独特性至关重要。每个人都需要"看到"计划的设计、开发和销售，投资者需要看到技术是如何解决问题的。演示应该是"高级别"的，要使董事会成员和其他高管能够理解商业模式/流程和技术。成功的企业设有专门的新兴技术团队来跟踪和试点技术。

治理是每个新兴技术团队的关键绩效衡量标准，团队成员负责技术跟踪、试点、企业架构和试点项目。

RACI 模型有助于创新和商业化的治理。

阅读心得

第 9 章

The Digital
PlayBook

管理者必备的
五项数字化领导力

阅读心得

本章要点

- 企业所需人才和企业拥有的人才之间存在差距。
- 管理者必备的五项数字化领导力：①企业战略、商业模式和业务流程；②颠覆性技术；③通过原型演示进行试点；④云交付；⑤战略管理。
- 人工智能和机器学习以及使其可行的算法具有独特的重要性。
- 管理者团队急需以下方面的人才：①数据隐私和监控；②错误信息或虚假信息；③多样性、包容性和平等；④人员管理。
- 寻找、留住并奖励广泛领域的顶尖人才是至关重要的。

9.1 数字化企业的人才差距

对 20 世纪和 21 世纪的人才进行分析，我们会发现什么？

20 世纪的人才能够：

- 构建、部署、维护和升级软件。
- 支持描述性数据库管理系统，很少关注预测分析。
- 几乎不考虑实时交易处理。
- 钻研软件开发方法论。
- 使用工具、平台和工作台来加速软件开发。
- 不接受开源软件。
- 不使用社交媒体。

- 不善于利用数字技术。
- 注重对用户需求的细化，并用复杂符号记录它们。
- 认为用户需求是固定不变的，一旦发现，只需在软件中将其实现就可以了。
- 有关技术采购、部署与支持的角色和职责由软件标准严格定义，以满足数据监管。
- 运用企业资源规划（ERP）和客户关系管理（CRM）来定义商业模式和业务流程。

在 21 世纪，数字化企业的人才能够：

- 租用应用程序。
- 很少直接维护或升级应用程序。
- 将基础设施托管给云和通信网络提供商。
- 钻研解释性、预测性和规范性分析。
- 进行实时交易处理并付出高昂的代价。
- 跟踪所有社交活动。
- 管理软件开发人员，不再开发软件。
- 把软件开发工具、平台和工作台交给平台即服务（PaaS）提供商。
- 拥抱开源软件。
- 善于利用数字技术。
- 将用户需求与业务目标联系起来。
- 将需求交给将其应用程序转移到云端的封装供应商。
- 持续跟踪和试用新兴的颠覆性技术。
- 希望业务具有敏捷性和灵活性，并掌握实现这两者的技术。

- 接受小型微服务软件，同时摒弃大型单体软件。
- 将大量工作外包给顾问。
- 全面接受并致力于开源设备和应用程序。
- 不将业务与技术区分开来。
- 在内部和外部进行分布式技术治理，减少标准化软件。

数字化企业的管理者需要掌握自身团队的情况，要能够回答以下问题：团队中有多少人理解云服务级别协议（SLA）、容器技术和云性能指标？团队中有多少经验丰富的人可以与其他云提供商谈判？团队对备选云架构有多深入的理解？团队是否具备与业务经理和高管沟通的技能和能力？团队是否充分理解云和其他安全风险？团队是否了解社交媒体的覆盖面和风险？团队是否坚定地致力于实时交易处理和智能算法？颠覆性技术的试点策略有哪些？一旦团队出现了空缺，要尽快识别并填补它们。在这个过程中要思考：有正确的人吗？有多少错误的人？如何尽快填补空缺？如何留住和奖励他们？

9.2 五项必备的数字化领导力

数字技术用于业务解决方案，而不是解决业务问题。

企业管理者需要理解数字技术在成本、业务收益以及风险方面的影响。需要注意的是，数据泄露威胁到企业生存的现象正在增加。企业管理者构建数字化领导力不仅要对传统的 SWOT [Strength（优势）、Weakness（劣势）、Opportunity（机会）、Threaten（威胁）]分析进行新的解读，还要了解颠覆性技术及其进展，特别是竞争对手正在采用的技术。

企业管理者的数字化领导力是基于战略性技术的，不必过于关注技术细节。例如，对于云交付，不再需要知道托管应用程序的服务器，或者服务器需要多久更换一次，更不需要过于关注服务器的维护、备份和恢复，重点是硬件和软件的交付问题。这意味着部署新应用程序不再需要长时间讨论软件开发方法或远程程序员是否能满足需求。关于云安全的争论是适当和必要的，但应更多地关注行业合规性而非安全技术，因为云本身提供了实现和优化业务流程所需的所有技术基础设施。

企业管理者应该专注于新兴技术及其交付平台，以及技术在提升竞争力和盈利能力方面的战略角色，并注重以下五项数字化领导力。

- 企业战略、商业模式和业务流程。
- 颠覆性技术。
- 通过原型演示进行试点。
- 云交付。
- 战略管理。

1. 企业战略、商业模式和业务流程

企业管理者需要了解所在行业的竞争对手的现状和目标，掌握能够描述企业自身现状和创新目标的企

业战略、商业模式和业务流程，以及相关技术的方法、工具和软件平台。

2. 颠覆性技术

企业管理者需要具备对当前和新兴数字技术的基本认知和理解，并知道如何将技术与现有和未来流程相匹配。这需要与战略分析师、建模人员和流程挖掘/管理人员密切协作。

3. 通过原型演示进行试点

企业管理者应该要求团队使用演示的工具来设计和实施第一阶段原型演示。他们还需要理解（简短的）商业案例和阶段流程。此外，企业管理者还要更加注重创新的商业化。

4. 云交付

企业管理者及其团队要了解所有云服务，特别是云服务用于原型演示的能力，以更好地交付新兴技术。

5. 战略管理

企业管理者需要对自身实力与竞争者实力有广泛而深入的了解，并具备制定和管理整体业务技术交付策略的能力。

9.3 培养急需人才

企业管理者的数字化领导力还体现在利用人工智能

和机器学习技术实现日常工作的自动化和智能化，从根本上改变交易处理的方式，并对更复杂的业务进行变革。因此，企业管理者要注重培养人工智能和机器学习方面的人才。

管理者及其团队要了解图 9-1 中的人工智能和机器学习的算法，以改进、修改乃至重构业务流程，从而成功地匹配商业模式和业务算法。

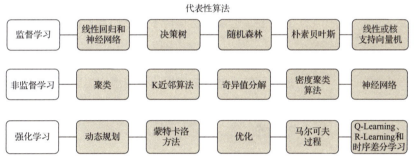

图 9-1　人工智能和机器学习算法

（1）管理者及其团队要了解新兴商业模式，掌握新兴商业模式的特征，进而识别和描述适合自身的商业模式，包括它们的发展轨迹。

（2）管理者及其团队要识别和了解商业模式和业务流程的算法。应用程序和平台中嵌入的算法可以重构商业模式和业务流程。要更进一步了解图 9-1 中的算法的功能、适用的问题类型以及它们产生的结果，但并不需要深入了解计算机、数据和机器学习科学中数以百计的算法。

（3）管理者及其团队要识别和了解商业模式和算法解决方案之间的关系。通过提出问题场景（包括预期的结果、数据、处理等），并"练习"算法的选择，思考算法类别的优势和劣势，以及最适合的商业模式。

了解机器学习或智能化的潜力以及所有相关解决方案是至关重要的。这是一个全新的世界，拥有全新的商业模式、全新的业务流程以及优化商业模式和业务流程的全新算法解决方案。诀窍是知道使用哪些算法来解决特定问题。随着人工智能和机器学习的爆发，你需要尽可能多地了解商业模式和算法。

企业管理者还要培养的其他人才包括：①隐私和监控方面的人才；②错误信息或虚假信息方面的人才；③多样性、包容性和平等方面的人才；④人员管理方面的人才。

9.4 留住和激励人才

如何留住和激励人才是一个老生常谈的话题。为什么？因为人员是流动的，并且是具有破坏性的和昂贵的。

你可以减少人员流动率吗？可以，但是你无法消除它。

一些显而易见的建议包括（Pratt et al., 2022）：

- 确定哪些候选人会坚持到底。
- 确定哪些人与你的观点相同。
- 提供持续的培训和明确的晋升路径。

- 在薪酬福利方面保持竞争力。
- 为员工提供支持。
- 建立良好的沟通渠道。

还有以下建议（Marquet，2022）：

- 创造一种引人入胜的工作场所文化。
- 提供有竞争力的福利和其他有吸引力的津贴。
- 提供充足的成长机会。
- 为员工提供更多提升技能的机会。
- 确保员工清楚了解他们的角色，以防止误解。
- 为超越自我的员工提供认可和奖励。

1. 尊重

企业对员工最重要的是尊重。员工需要感受到被尊重，这使他们认为自己有价值的人。

2. 细分绩效认可

绩效与尊重密切相关。高绩效者对低绩效者抱有怨恨，特别是当低绩效者与高绩效者的待遇相近时，这常常被高绩效者视为对他们引以为豪的工作的一种职业侮辱。当明显低质量的工作者与优秀工作者得到相同的奖励时，你正在培养一种怨恨，最终会导致员工离职。

请注意，这需要你做出一些艰难的决定。大多数企业文化（以及其中的高管）不愿意公开对比高绩效者与低绩效者。但是，如果你想留住最优秀的绩效者，你需要让每个人都清楚地知道他们的价值，而这就需要牺牲那些对工作贡献很少的人。

3. 灵活性

你最优秀的商业技术专家应该拥有团队、项目和计划的灵活性。他们也应该有选择角色的灵活性。如果他们选择避开那些需要承担巨大管理责任的大型项目，他们应该能够这样做。他们应该有选择特定技术的自由，并且有创造卓越中心的自由，如果他们选择这样做。虽然这种灵活性可能听起来过分，但高绩效者渴望对自己的职业生涯有控制权。如果你想留住他们，你必须放弃对他们活动的重要控制。不要过于担心，最优秀的商业技术专家通常会被吸引到最重要的项目中。

灵活性与尊重相辅相成，这是认可有价值的商业技术专家特殊地位的另一种方式。能够按照个人偏好行事，甚至追逐技术"愿望清单"，是一种非常重要的留住人才的工具。同样重要的是，允许高绩效者在他们表现出色的领域继续工作。对于一些企业专家来说也是如此，他们更倾向于追求特定的工作领域，而不是追求所谓更"大"的项目带来的更多责任。传统的留住人才方法默认"有才华的专业人士渴望承担更多责任"，这是非常危险的。你的工作是让有才华的专业人士保持愉快和高效的状态。了解他们喜欢的工作方式对于留住人才至关重要，尤其是要给予他们按照自己的喜好工作的权利。

4. 奖励

报酬是企业可以给予优秀员工的最重要奖励。这些奖励有多种形式。基本工资、奖金和股票（无论公司是上市的还是私有的）应该构成报酬计划的一部分。福利待遇也应该非常优厚，以至于福利本身成为一种招聘和留住人才的策略。可以考虑给优秀员工提供休假。显然，高绩效者可以在家工作，可以在附近、全国各地甚至世界各地工作。

奖励不应该仅限于金钱。一些有效的奖励包括项目和计划的认可，可以在内部和公司博客上公布。除了这些相对"低调"的奖励之外，还可以询问他们喜欢什么，以及他们认为合适的奖励方式。最后，要了解你的超级明星员工的个人优先事项，他们生活中的重要个人事件应该与职业奖励相结合。例如，如果你发现你的明星员工之一正在为孩子选择大学，你可以提供长周末时间，让他们去参观备选的大学。

【指南】

定期进行"数字化领导力分析"，以衡量你所需要的商业及技术专业知识。

企业管理者应具备的数字化领导力：

- 企业战略、商业模型和业务流程。
- 颠覆性技术。
- 通过原型演示进行试点。

阅读心得

- 云交付。
- 战略管理。

人工智能和机器学习,包括使其智能化的算法,应被指定为特殊的人才需求。还需要在隐私和监管、错误信息或虚假信息、多样性、包容性和平等以及人员管理方面拥有人才。

寻求尽可能多的招聘渠道和人才储备,包括与大学、猎头公司、前雇员和提高你所需技能和能力的技术协会建立联系。

留住人才应包括传统和非传统的方法。尊重、细分绩效认可和灵活性应纳入留住人才策略中。奖励应主要以财务奖励为主,并听取一些员工提出的奖励建议。

参考文献

9Lenses (2022) "Internal versus External Consulting – Advantages and Disadvantages", 9Lenses, https://9lenses.com/internal-versus-external-consulting-advantages-and-disadvantages/?s

Alexander, Donovan (2021) "9 Robots That Are Invading The Agriculture Industry", *Interesting Engineering.*

Alton, Larry (2020) "The 8 Best Cybersecurity Strategies for Small Businesses in 2021", *Inc. Magazine.*

Andriole, Stephen J. (2017) "Five Myths of Digital Transformation", *Sloan Management Review.*

Andriole, Stephen J. (2012) "IT's All About the People." CRC Press.

Andriole, Stephen, J. (2022) https://andriole.com.

Andriole, Stephen J., *Forbes,* https://www.forbes.com/sites/steveandriole/?sh=3deccc051c88.

Armstrong, Annie (2022) "Looks Like the Auction of Melania Trump's First NFT Was Such a Dud She Had to Buy the Thing Herself", ArtNet News.

Authenticity Consulting (2020) "Field Guide to Consulting and Organizational Development", Authenticity Consulting, https://managementhelp.org/consulting/int-ext-consultants.pdf.

Aysha, M. (2020) "Porsche on the Use of Additive Manufacturing", 3Dnatives.

Baral, Susmita (2021) "When Will Automation Take Over the Trucking Industry?", LA Times Blog.

Barnhart, Brent (2021) "10 of the Best Social Media Analytics Tools for Marketers", Sprout Social.

Bischoff, P. (2021) "How Data Breaches Affect Stock Market Share Prices." Comparitech. https://www.comparitech.com/blog/information-security/data-breach-share-price-analysis/

Bobrow, Adam (2022) "Does Spending More on Cyber Mean Less Risk?", Foresight Resilience Strategies.

BookAuthority (2022) "100 Best Business Strategy Books of All Time".

Britannica (2022) "Robotics Technology", https://www.britannica.com/technology/robotics.

Brooks, Ryan (2020) "Compliance Tools: Choosing the Right Solutions", Netwrix.

Bughin, Jacques, Catlin, Tanguy, Hirt, Martin and Willmott, Paul (2018) "Why Digital Strategies Fail", *McKinsey Quarterly.*

Carmichael, Doug (2018) "Audit vs. Fraud Examination", *CPA Journal.*

Carucci, Ron (2017) "Executives Fail to Execute Strategy Because They're Too Internally Focused", *Harvard Business Review.*

CFI Team (2020) "Business Strategy vs Business Model: Learn About the Differences", Corporate Finance Institute (CFI).

CFI Team (2022) "Threat of New Entrants", Corporate Finance Institute (CFI).

Chai, Wesley (2022) "Cloud Computing", TechTarget.

Changing Minds (2017) "The Elements of the Conversation", Changing Minds, http://changingminds.org/techniques/conversation/elements/elements.htm.

Christensen, Clayton (1997) *"The Innovator's Dilemma",* Harvard University Press.

CMTC (2021) "Advanced Manufacturing, Additive Manufacturing, Future of Manufacturing: Top 8 Industries Benefiting from Additive Manufacturing".

Collis, David J. and Montgomery, Cynthia A. (2005) *"Corporate Strategy: A Resource-Based Approach"*, Boston: McGraw-Hill/Irwin.

Comply Advantage (2022) "Cryptocurrency Regulations in the United States", Comply Advantage.

Computer Economics (2022) "IT Spending as a Percentage of Revenue by Industry, Company Size, and Region", Computer Economics.

Cone, Edward (2022) "Blame Enough to Go Around at K-Mart", *Baseline.*

Consultancy-me (2022) "External vs Internal Consultants", Consultancy-me, https://www.consultancy-me.com/consulting-industry/external-vs-internal-consultants

Davenport, Thomas H. and Spanyi, Andrew (2019) "What Process Mining Is, and Why Companies Should Do It", *Harvard Business Review.*

Deloitte (2022) "The Role of Culture in Digital Transformation", *CIO Journal.*

DeMuro, Jonas P. (2019) "What is Container Technology?", *TechRadar*.

Department of Homeland Security (2018) "Cybersecurity Strategy", Department of Homeland Security.

Devaney, Erik (2022) "9 Types of Organizational Structure Every Company Should Consider", HubSpot.

DFRLab (2017) "#BotSpot: Twelve Ways to Spot a Bot", DFRLab.

Digital Guide Ionos (2022) "Social Bots – the Technology Behind Fake News", Digital Guide Ionos.

Dugan, Regina E. and Gabriel, Kaigham J. (2013) "'Special Forces'" Innovation: How DARPA Attacks Problems", *Harvard Business Review*.

Duke Health (2022) "Lobbying Definitions, Exceptions, and Examples", Duke Health.

Eide, Naomi (2021) "4 Predictions for CIOs to Watch from Gartner", CIO Dive.

Embroker Team (2022) "How Much Can a Data Breach Cost Your Business?", Embroker.

The Enterprisers Project (2016) "What is Digital Transformation?".

FBI (2022) "White-Collar Crime", FBI.

FDIC (2022) "FDIC Law, Regulations, Related Acts", FDIC.

FinTech Futures (2013) "Goldman Sachs Trading Error is 'A Warning to All'".

Fortune Business Insights (2021) "Virtual Reality (VR) in Gaming Market to Reach USD 53.44 Billion by 2028".

Franck, Thomas (2021) "Fidelity to Launch Bitcoin ETF as Investment Giant Builds its Digital Asset Business", CNBC.

Frankenfield, Jake (2021) "Quantum Computing", Investopedia.

Frey, Carl and Osborne, Michael (2013) "The Future of Employment: How Susceptible are Jobs to Computerisation", University of Oxford.

Galer, Susan (2018) "Build Intelligent Bots in Three Minutes: SAP Intelligent Robotic Process Automation", SAP News.

Gartner Group (2022a) "Cybersecurity Mesh", https://www.gartner.com/en/information-technology/trends/.

GeeksforGeeks (2022) "Difference Between IoE and IoT".

General Electric (2022) "What is Additive Manufacturing?".

Ghosh, Pallab (2018) "AI Early Diagnosis Could Save Heart & Cancer Patients", BBC News.

Greyling, Cobus (2020) "Key Considerations in Designing A Conversational User Interface", Medium.

The Guardian (2021) "US Amazon Web Services Outage Hits Netflix, Slack, Ring and Doordash".

H, Petr (2015) "25 Unbelievable Things Americans Believe", List25.

Hayes, Adam (2022a) "Wearable Technology", Investopedia.

Hayes, Adam (2022b) "What is Blockchain?", Investopedia.

Hayworth, Suzanna (2018) "Create a Responsibility Assignment Matrix (RACI Chart) that Works", *Digital Project Manager*.

Hill, Michael (2022) "What is the Cost of a Data Breach?", CSO, https://www.csoonline.com/article/3434601/what-is-the-cost-of-a-data-breach.html.

Hill, Michael and Swinhoe, Dan (2021) "The 15 Biggest Data Breaches of the 21st Century", CSO.

Honeywell (2021) "Why Companies Say Automation is a Top Goal".

Humanperf Blog (2021) "Will the Total Experience (TX) be the Key Trend for the Coming Decade?".

IBM. (2022) Ponemon Institute Cost of a Data Breach Report. https://www.ibm.com/downloads/cas/3R8N1DZJ

IBM Cloud Education (2020) "Supervised Learning", IBM.

Information Management (2016) Slideshow, https://www.information-management.com/slideshow/10-lessons-learned-from-2016s-biggest-data-breaches.

Insight (2022) "Cybersecurity Mesh", https://www.insight.com/en_US/glossary/c/cybersecurity-mesh.html.

The Investopedia Team (2022) "Porter's 5 Forces", Investopedia.

Jibilian, Isabella and Canales, Katie (2021) "The US is Readying Sanctions Against Russia Over the SolarWinds Cyber Attack", *Insider*.

Julie (2018) "8 Rater Biases that are Impacting your Performance Management", TrakStar.

Kennedy, Joe (2018) "We're No. 25: Why the US Must Increase Its Tax Incentives for R&D", Industry Week.

Kim, Paul (2022) "What are the Environmental Impacts of Cryptocurrencies?", *Insider*.

Knight, Will (2018) "China Wants to Shape the Global Future of Artificial Intelligence", *MIT Technology Review.*

LawGeex (2017) "Comparing the Performance of Artificial Intelligence to Human Lawyers in the Review of Standard Business Contracts", LawGeex.

Lee, Kai-Fu (2020) "The Third Revolution in Warfare", The Atlantic.

Levy, Steven (2021) "AR Is Where the Real Metaverse Is Going to Happen", *Wired Magazine.*

Luksza, Kamila (2018) "Bot Traffic Is Bigger Than Human", Voluum.

Manning, Ellen (2018) "Could Emotionally Intelligent Bots Help Build Trust Between Man & Machine?", World Economic Forum.

Markuson, Daniel (2020) "NordVPN Completes Advanced Application Security Audit", NordVPV.

Marquet, Kristin (2022) "Six Ways to Retain Your Best Talent", *Fast Company.*

McKinsey (2022) "Tech Talent Tectonics: Ten New Realities for Finding, Keeping, & Developing Talent", https://www.mckinsey.com/capabilities/mckinsey-digital/our-insights/tech-talent-tectonics-ten-new-realities-for-finding-keeping-and-developing-talent.

Melnick, Kyle (2021) "Someone Spent $450K To Be Snoop Dogg's Neighbor in The Metaverse", VK Scout.

Mikkelson, David (2022) "Dragnet: 'Just the Facts. Ma'am'", Snopes.

Molla, Rani (2019) "Visa Approvals for Tech Workers are on the Decline", Vox.

Montgomery, Olivia and Kumar, Rahul (2020) "What Is a RACI Chart?", Software Advice.

Morrow, Emily (2021) "Total experience: Definition, Benefits, Tips of TX", The Future of Customer Engagement & Experience.

Narayanaswamy, Krishna (2017) "Ensuring That the Next Big Data Breach Isn't Yours", *Information Management.*

NetApp (2022) "What is a Data Fabric?".

Oladimeji, Saheed and Kerner, Sean Michael (2022) "SolarWinds Hack Explained: Everything You Need to Know", WhatIs.com.

Olavsrud, Thor and Boulton, Clint (2022) "What is RPA? A Revolution in Business Process Automation", *CIO Magazine.*

Openresearch.amsterdam (2021) "What is Artificial Intelligence?", Redactie openresearch.amsterdam.

O'Shaughnessy, Kim (2016) "8 Reasons Why ERP is Important", SelectHub.

Overheid, Andrew (2022) "Understanding Fog Computing vs Edge Computing", Onlogic Blog.

Palmer, Shelly (2018) "How to Build Your Own Troll Bot Army", Shellypalmer.com.

Pratt, Mary (2021) "Low-Code & No-Code Development Platforms", TechTarget.

Pratt, Mary and Florentine, Sharon (2022). "Employee Retention: 10 Strategies for Retaining Top Talent", *CIO Magazine*.

Qualtrics (2022) "What is Social Media Analytics in 2022?".

Quora (2022) "What Kinds of Colleges Does Tesla Motors Target for Internship and Job Recruiting?" Quora.

Raju, Vinothini (2021) "How Low-Code Platforms Can Help Cloud Native Developers", The New Stack.

Ranger, Steve (2022) "What is Cloud Computing? Everything You Need to Know About the Cloud Explained", ZDNet.

Ross, Sean (2022) "CapEx vs OpEx: What's the Difference?", Investopedia.

Sag, Anshel (2021) "Army Hololens 2 AR Deal", *Forbes Magazine*.

Salesforce.com (2022) "What is Digital Transformation?".

Samuels, Mark (2021) "What is Digital Transformation? Everything You Need to Know About How Technology is Reshaping Business", ZDNet.

Sant, Hitesh (2021) "10 Blockchain-as-a-Service Providers for Small to Big Businesses", Geekflare.

SAS (2022) "Digital Transformation: What It Is & Why It Matters".

Satter, Rapheal (2021) "SolarWinds Says Dealing with Hack Fallout Cost at least $18 million", Reuters.

Saviom (2021) "12 Jobs that Robots (AI) Will Replace in the Future, & 12 That Won't".

Seeking Alpha (2021) "Apple Gets Close To Their VR/AR Headset".

Sergeenkov Andrey (2019) "Artificial Intelligence is Becoming Better than Human Expertise", HackerNoon.

Shah, Samit (2021) "The Financial Impact of SolarWinds Breach", Bitsight.

SoftwareAG (2022) "What Is Process Mining?", https://www.softwareag.com/en_corporate/resources/what-is/process-mining.html.

Sozzi, Brian (2021) "McDonald's Automated Drive-Thru is Just the Latest Sign of Robots Taking Over Fast-Food", Yahoo Finance.

Swinhoe, Dan (2019) "The Biggest Data Breach Fines, Penalties and Settlements So Far", CSO Online.

Symonds, Cat (2022) "10 Types of Bias in Performance Reviews ", Factorial Blog.

Taylor, David (2022) "Data Lake vs Data Warehouse: What's the Difference?", Guru99.

Team Ecosystm (2019) "Things you need to know about Cyber Attacks, Threats & Risks", Ecosystm.

The University of Oxford (2019) "AI Technology Can Predict Heart Attacks", *Healthresearch.*

Thompson, Stuart B. and Warzel, Charlie (2021) "One Nation Tracked", *New York Times.*

TOPS Marketing (2022) "Guide to 3D Modeling", Take-Off Professionals.

Torman, Matt (2022) "Digital Transformation and the Downfall of Sears", Cleo.

Tozzi, Christopher (2021) "Top Regulatory Compliance Frameworks for 2021", Precisely.

Trend Micro (2020) "The New Norm", Trend Micro Research.

Twin, Alexandra (2022) "Core Competencies", Investopedia.

2 Steps Team (2020) "The Pervasive IT Failure Problem in the Financial Services Industry".

Valuer.ai (2022) "50 Brands that Failed to Innovate", Valuer.ai.

van Duin, Stefan and Bakhshi, Naser (2017) "Artificial Intelligence Defined", Deloitte.

Vlastelica, Ryan (2017) "Automation Could Impact 375 Million Jobs by 2030", MarketWatch.

Wealth Quint Team (2022) "15 Best Metaverse Business Ideas", Wealth Quint.

Webroot (2022) "What are Bots, Botnets and Zombies?", Webroot.

Weins, Kim (2020) "IT Spending by Industry", Flexera.

Welsh, Oli (2022) "The Metaverse, Explained", Polygon.

Wessel, David (2018) "Is Lack of Competition Strangling the U.S. Economy?", *Harvard Business Review*.

Westar (2022) "Top 10 Practical Cybersecurity Strategies for Businesses", Westar.

Whitehouse, Mark and Rojanasakul, Mira (2017) "Find Out If Your Job Will Be Automated", Bloomberg.

Wikipedia (2022) "Augmented Reality", https://en.wikipedia.org/wiki/Augmented_reality_2022.

Wikipedia (2022) "Business Model Canvas", https://en.wikipedia.org/wiki/Business_Model_Canvas.

Wikipedia (2022) "Business Processes", https://en.wikipedia.org/wiki/Business_process.

Wikipedia (2022) "Business Process Modeling", https://en.wikipedia.org/wiki/Business_process_modeling.

Wikipedia (2022) "DARPA", https://en.wikipedia.org/wiki/DARPA.

Wikipedia (2022) "Digital Transformation", https://en.wikipedia.org/wiki/Digital_transformation.

Wikipedia (2022) "Ken Olson", https://en.wikipedia.org/wiki/Ken_Olsen.

Wikipedia (2022) "Robotics", https://en.wikipedia.org/wiki/Robotics.

Wikipedia (2022) "Second Life", https://en.wikipedia.org/wiki/Second_Life.

Wikipedia (2022) "Virtual Reality", https://en.wikipedia.org/wiki/Virtual_reality.

Wilson, Sonsini, Goodrich and Rosati. (2019) "Wilson Sonsini Adds to Government Investigations Practice." Wilson Sonsini Goodrich & Rosati.

YouTube (2006) https://www.youtube.com/watch?v=YpBPavEDQCk

Zuboof, Shoshona (2019) *The Age of Surveillance Capitalism: The Fight for a Human Future at the New Frontier of Power*, NY: Public Affairs.